DIRK RAUH

KURSWECHSEL

**RAUS AUS DEM TROTT,
REIN INS EIGENE LEBEN**

Zum Autor

Dirk Rauh ist langjähriger Trainer, Coach und Autor des Buches „Geht's noch". Er berät und begleitet Mitarbeiter und Führungskräfte in Unternehmen und Organisationen. Seine Konzepte fördern die Nachhaltigkeit, Eigenverantwortung und Klarheit. Diese Impulse gibt er auch in offenen Workshops wie Einsicht weiter. Sein Motto nach Galileo Galilei: „Man kann einen Menschen nichts lehren, man kann ihm nur helfen, es in sich selbst zu entdecken".

**WER ZEIT NUTZT,
HAT ZEIT GEWONNEN.**

Sprichwort

Die Deutsche Nationalbibliothek verzeichnet diese Publikation
in der Deutschen Nationalbibliografie, detaillierte bibliografische
Daten sind im Internet über dnb.d-nb.de abrufbar.

Impressum
2. Auflage 2017
© 2017 Dirk Rauh
www.dira-seminare.de
Herstellung und Verlag:
BoD – Books on Demand, Norderstedt

Umschlag und Layout:
Bütefisch Marketing und Kommunikation
www.buetefisch.de

ISBN 978-374-313-790-5

KAPITELVERZEICHNIS:

1 NORMal – oder: „Wenn alles läuft, wie es soll." 09

2 Ab-NORMal 16

3 Die Zeitbombe 24

4 Feierabend 35

5 Meeting 44

6 Ein freier Tag 54

7 Kleider machen Leute 61

8 Trainier das Tier in dir 71

9 Familienausflug 86

10 Oma Herta ist die Beste 97

11 Grillfest mit Freunden 110

12 Geschäftsessen 122

13 Qualitätssicherung 133

14 Familienfest – ein Fest der Regeln 134

15 Das bin ich mir wert! 144

16 Abspann – Backstage 154

17 On Stage 164

VORWORT

Hallo liebe Leserin, lieber Leser,

hier ist es. Ihr Vorwort. Einfach, weil MAN im Buch eben ein Vorwort hat. Ob man´s braucht oder nicht! Auch ohne Sie persönlich zu kennen. Selbst wenn ich Sie kennen würde – woher weiß ich denn, was Sie interessieren könnte? Wie ein Vorwort nach Ihrem Geschmack aussehen sollte? Dramatisch? Humorvoll? Manche Leser wissen das selbst nicht so genau. Und ob es dann auch zu mir passt? Hmmm, das könnte schon jetzt jede Menge Ballast und Gedankenmüll sein.

Dabei soll dieses Buch Sie vielmehr beim Ballastabwerfen unterstützen. Zum Schmunzeln bringen, während Sie womöglich Ihre grauen Zellen abstauben und Ihre Synapsen polieren; Ihnen vielleicht sogar ein kleines Lachen entwischt.

Hierbei ist Gedankenmüll wirklich das Letzte, was Sie brauchen … was dieses Vorwort braucht. Eigentlich auch das Letzte, was die Morgenfrohs brauchen. Eine rundum normale Familie mit einem rundum normalen Alltag: die Hauptpersonen dieses Buches. Die werden auf den nächsten Seiten ganz schön zu strampeln haben.

Festgefahren in Bergen aus Gedankenmüll, versinken sie anfangs bis zum Hals im Alltagssumpf. Trotz Anstandsregeln und toller Erziehung bleiben ihre Sehnsüchte ungelebt. Ihre Hoffnungen und Wünsche erst mal, wo sie sind – in weiter Ferne. Vielleicht gerade wegen der Anstandsregeln und der tollen Erziehung. Dafür scheint nach außen alles zu funktionieren. Wenn da nur nicht diese innere Stimme wäre. Im Buch kursiv gedruckt, macht sie sich auf unübersehbare Weise bemerkbar. Wie im echten Leben auch. Fuzzy wird sie im Buch genannt. Und Fuzzy sorgt auch dafür, dass die Morgenfrohs nicht vom Fleck kommen. Dass sie auf die immer gleiche Art und Weise automatisch reagieren – statt abzuwägen und selbst zu agieren.

Vielleicht kommt Ihnen das irgendwie bekannt vor? Schon möglich. Doch jetzt können Sie erst einmal völlig entspannt durchs Buch schmökern. Denn es geht ja darin nicht um Sie, sondern um die Familie Morgenfroh. Oder etwa nicht …? Doch, ganz sicher! Es sei denn – ja, es sei denn, Sie entdecken zwischen den Seiten … sich selbst.

Denn auch wenn Sie nicht Teil der Familie Morgenfroh sind, so sind diese doch oft ein Teil von Ihnen. Drum bleiben Sie auf der Hut. Vielleicht meldet sich auch der vorlaute Fuzzy bei Ihnen …
Fuzzy: *„Hey, das hab ich gehört!"*
Ich wünsche Ihnen überraschende Momente dabei und überraschende EinsichTen.

Dirk Rauh

KAPITEL 1

NORMal oder: „Wenn alles läuft, wie es soll."

Stehen Sie gerne auf, wenn selbst die Amsel im Garten sich noch dreimal im Nest umdreht? Sagen Sie sich vielleicht: „Der frühe Vogel fängt den Wurm!" oder: „Man muss halt funktionieren!"

Und „funktionieren" Sie dann auch tatsächlich den ganzen Tag über so, dass alle Anderen mit Ihnen zufrieden sind? Wahrscheinlich nicht. Denn dies alles sind nur Sprüche, die uns immer wieder begleiten. Woher kommen die? Aus der Erziehung? Der Umgebung? Woher auch immer diese spontanen Eingebungen kommen – wir nennen sie „Fuzzy". Die vertraute Stimme, die uns unterstützt, antreibt, ermahnt und bei der Stange hält. Die sich mitteilt, auch wenn sie gar nicht gefragt wird, denn Fuzzy hat immer etwas zu sagen: *„Jawohl! Wenn der Wurm weg ist, ist er weg! Selber schuld!"*

Damit haben wir uns arrangiert. Mit Fuzzy, mit der Umwelt, mit den Umständen. Und deshalb besitzen die meisten Menschen einen Wecker. Sie auch? Ausgezeichnet! Eventuell sogar einen, der Sie mit langsam anschwellender Musik sanft aus Ihren Träumen holt? Wie schön. Vielleicht sind Sie sogar stolzer Besitzer einer zusätzlichen Schlummertaste. Das bedeutet noch einmal sieben Extraminuten. Sehr gut! Dann haben Sie wahrscheinlich wirklich alles vorbereitet für einen guten Start in den Tag. Auch für Herrn Morgenfroh endet die Nacht um Punkt sechs. Begeisterung darüber sieht anders aus, aber was sein muss, muss eben sein. Schließlich trägt man Verantwortung. Sein Fuzzy nickt zustimmend: *„Ja, das Leben ist hart und zermürbend."* Der Radiowecker tut seine Pflicht, doch Nachrichten auf nüchternen Magen hasst Herr Morgenfroh. Immer diese vielen grauenhaften Ereignisse. Er „erledigt" den Sprecher kurzerhand mit seiner Schlummertaste. Aaahh, endlich Ruhe. Jedenfalls für weitere sieben Minuten. Tatsächlich, die Bee Gees trällern ihn wenig später deutlich sanfter aus den Träumen.

Eva Morgenfroh wird praktischerweise gleich mitgeweckt. Sie gähnt und murmelt schläfrig: „Ich geh schon mal ins Bad, Liebling." Diese Routine hat sich bewährt. Herr Morgenfroh benötigt derart früh am Tag einfach Zeit, um zum Mensch zu werden.

Eine viertel Stunde später schlurft er bereits mit halb geöffneten Augen in Richtung Badezimmer. Bruno, seines Zeichens Berner Sennhund und Liebling der Familie, hebt träge das rechte Augenlid. Na ja, ist ja noch nichts los hier. Erst mal liegen bleiben, bis es spannend wird. Hund und Kinder sind sich da übrigens oft erstaunlich ähnlich. Nebenan versucht Eva Morgenfroh den Nachwuchs zu wecken. Eine nicht ganze einfache Aufgabe. Zumindest hört es sich nicht einfach an.

Adam Morgenfroh duscht bei angenehmen 25 Grad. Tausende Tropfen perlen sanft über seine Brust und den Rücken. Wirklich eine kluge Anschaffung, diese Regendusche! Gut, dass sie die im Fachhandel gekauft haben! *„Genau!"*, bestätigt sein Fuzzy. *„Nicht wie Kollege Krause, der für seine Billigdusche nicht ein-*

mal mehr ein Ersatzteil bekomme. Tja, selber schuld. Was bist du nur für ein fixes Bürschlein – tausendmal fixer als andere!" Herr Morgenfroh wandert erfrischt, beschwingt und barfuß ins Schlafzimmer. Etwas Grünes leuchtet auf dem Flurteppich. Aha, Meister Yoda samt Legoschwert! Immer dieses Spielzeug im Flur! Rasselbande! Er grinst – Fuzzy untermauert: *„Deine Kinder sind haargenau so, wie Kinder sein müssen – gut hinbekommen!"* Herr Morgenfroh verbannt Meister Yoda aufs Flurschränkchen. Im Schlafzimmer überlegt er, welche Krawatte er anziehen soll. Vielleicht die rote? *„Unbedingt! Rot wirkt kraftvoll und dynamisch."* Ja, das kann nicht schaden. Er muss heute im Meeting schließlich alle Register ziehen. Gerade deshalb hat er seine Argumente sorgfältig vorbereitet (und wie beruhigend, dass Fuzzy genau registrieren wird, bei wem sie gut ankommen).

Die Kommodenschublade schließt sanft. Was für eine sinnvolle Erfindung so ein Softeinzug ist! Jetzt noch das neue weiße Hemd aus dem Schrank geholt – das mit dem pfiffigen Kragen ... er stutzt ... schade, es liegt wohl doch noch im Bügelkorb. Überhaupt liegen offenbar alle weißen Hemden im Bügelkorb. Eva hatte diese Woche viel um die Ohren. Na ja, auch nicht schlimm. Nimmt er eben ein hellblaues. *„Ach, du bist immer so VERSTÄNDNISVOLL."*

Aus der Küche zieht aromatischer Kaffeeduft. Herr Morgenfroh blickt gelassen auf seine Armbanduhr. Morgenfroh liegt gut in der Zeit. Im Badezimmer maulen Paul und Leonie. Aufstehen ist nicht gerade ihr Hobby. Herr Morgenfroh grinst breit. Schnell noch ein ruhiges Tässchen Kaffee, bevor die Invasion beginnt.

Wie gut, dass seine Eva die Rasselbande fest im Griff hat. *"Ja, tolle Frau! Die hast DU dir geschnappt!"* Vielleicht sollte ich mal wieder Kinokarten besorgen. *"Wow! Du bist ja so einfühlsam."* Läuft demnächst nicht der neue James Bond? (Recht so! Fuzzy will den Abend ja schließlich ebenfalls genießen.) Frisch geduscht, rasiert und bürofertig betritt Herr Morgenfroh die Küche. Bruno begrüßt ihn schwanzwedelnd. Er tätschelt ihm liebevoll den Kopf.

„Der Kaffee ist gleich fertig." Eva in hellgrünem Rock und zartrosa Bluse schmiert gerade die letzten Vesperbrote. Ein liebevoller Wangenkuss. Sie duftet nach Jasmin und war schon mit dem Hund draußen. „Prima." Herr Morgenfroh setzt sich an den gedeckten Frühstückstisch. Hm, frisches Obst, Müsli, Toast und Marmelade ... Vorsichtig nippt er am heißen Kaffee und überfliegt kurz die Schlagzeilen der Zeitung.

Die Kinder stürmen zur Küchentür herein. Paul stürzt sich auf seine Schultasche und wühlt aufgeregt darin herum. „Mama, ich brauch noch etwas Geld für die Theaterfahrt morgen! Du musst auch noch den Zettel unterschreiben – sonst darf ich nicht mit!" Sogleich meldet sich ihr Fuzzy: *„DEIN Kind als einziges nicht im Theater? Ausgeschlossen aus der Gruppe? Geprellt um das schöne Erlebnis?"* Eva fließt das Herz über.

Leonie schnappt sich ungestüm einen Toast aus dem Brotkorb, dabei schwappt Herrn Morgenfrohs Tasse über. „He, nicht so stürmisch, junge Dame!" „Tschuldigung, Paps", nuschelt die Kleine hinter einem gewaltigen Apfelschnitz. „Schling nicht so!" Mama Morgenfroh nimmt Leonie das Apfelstück aus der Hand. „Paul, setz dich bitte endlich auf deinen Hintern und iss!" Paul zerrt triumphierend ein zerknittertes Stück Papier aus seiner Schultasche. "Ich hab ihn." Mama Morgenfroh seufzt. "Immer alles in letzter Minute." Rasch unterschreibt sie. Das Frühstück verläuft wie immer. Der schulpflichtige Teil der Familie versucht mit vollen Backen möglichst viele Infos zu streuen, während Mama Morgenfroh gleichzeitig frühstückt, das Mittagessen plant, schon wieder die ersten Dinge vom Tisch abräumt. Ihr Fuzzy begleitet sie mit den Worten: *"Ja! Genau so steht es im Lehrbuch für aufopfernde Mütter. Du bist perfekt!"* "Adam, hast du vielleicht sieben Euro für Pauls Theaterbesuch? Ich hab nur noch einen 50 Euro-Schein." "Klar doch." Herr Morgenfroh nickt. "Habe ich bestimmt." Er holt seine Börse und legt die Münzen vor seinem Sohn auf den Tisch. Rasch lässt Paul das Geld in der Schultasche verschwinden.

In der Garderobe herrscht reges Gedränge. Wie jeden Morgen. "He, das ist mein Schal!", kreischt Leonie und kichert. Paul stutzt. Tatsächlich! In der Eile hat er doch wirklich den Schal mit den lila Herzchen erwischt. Was für eine Blamage wäre das geworden! Sein Fuzzy gibt ihm eine Kopfnuss. *"He, das passiert dir aber nicht noch mal! Stell dir mal vor, du wärst so in der Schule aufgetaucht!"* Sofort ist Paul wacher, fitter und erleichtert.

Über die Häupter seiner Sprösslinge hinweg angelt Herr Morgenfroh seinen Mantel, klopft kontrollierend die Taschen ab. Ja, die Schlüssel hat er eingesteckt. Zum Abschied erhält Bruno noch von jedem eine Streicheleinheit. Dann trollt er sich zufrieden ins Hundekörbchen. Frau Morgenfroh dirigiert die Kinder durch die Haustür hinaus.

In der Einfahrt winkt Herr Morgenfroh kurz dem Nachbarn zu. Der startet gerade seinen alten Polo. Hustend, stotternd. Ob er den noch mal durch den TÜV bekommt? Herr Morgenfroh fährt natürlich Oberklasse. Alle zwei Jahre ein neues Modell. *„Das hast du dir auch redlich verdient. Schließlich arbeitest du härter, länger und erfolgreicher als die meisten anderen. Könnte dein Nachbar ja auch tun."*

Die Einfahrt wird von Altpapier- und Glastonne blockiert. Stimmt, heute ist ja Abholtermin! Keyless öffnet Herr Morgenfroh die Oberklasse – eine reizvolle Spielerei der Automobilindustrie. Den Laptop legt er auf den Beifahrersitz und bringt rasch die Tonnen zur Straße. Eva und die Kinder steigen derweil in die Familienkutsche. Solide Mittelklasse. Kombi natürlich. Acht Jahre jung. Der hält auch gut und gerne noch mal fünf. *„Genau. Kinder machen in dem Alter sowieso alles schmutzig."* Ein kurzer Abschiedskuss am Wagenfenster, ein letztes Winken und Frau Morgenfroh fährt rückwärts aus der Einfahrt.

Herr Morgenfroh zieht tief die frische Luft ein. Dann setzt er sich hinters Steuer und stellt den Motor an. Zufrieden lauscht er dem leisen Surren. Tolle Technik. Sogar die Scheiben tauen von selbst ab. Er sinkt genüsslich in die beheizten Sitze und sucht einen Sender mit schwungvoller Musik. Gut gelaunt fährt er los.

Wie harmonisch! Und es ist anzunehmen, dass Herrn Morgenfrohs gute Laune noch eine ganze Weile anhält. Das wird Auswirkungen auf seine Arbeit haben, auf seine Mitarbeiter – selbst auf die Verkäuferin seines Lieblingsbäckers. Was für ein Tag …

Aber nicht immer läuft alles glatt und geschmeidig. Nehmen wir einmal an, der Tag hätte anders angefangen. Mit einem nicht funktionierenden Wecker zum Beispiel. Dummerweise genügt nämlich bereits ein winziger Anlass und Fuzzy läuft zu absoluter Hochform auf …

KAPITEL 2

Ab-NORMal

Herr Morgenfroh starrt auf das Display seines Radioweckers. Noch ist die Information auf dem Weg zu seinem primären visuellen Cortex. Zu seiner vorderen Gehirnrinde also.

„WAS??? Sieben Uhr dreiundzwanzig?" Aha, die Botschaft ist angekommen. Herr Morgenfroh schnellt empor – was etwas heißen will, denn morgens fühlt er sich in der Regel stets ein wenig eingerostet. Nicht heute! Jung wie der helle Tag wirft er die Decke von sich und reißt mit einem Ruck die Vorhänge auf. Ein Kontrollblick. Tatsächlich! Draußen lacht bereits die erste Februarsonne! Zum Mitlachen ist es Herrn Morgenfroh allerdings nicht, das kann man unschwer erkennen. Kommodenschubladen knallen, Schranktüren auch. Frau Morgenfroh wird praktischerweise gleich mitgeweckt. Sie gähnt und murmelt verschlafen. „Ich geh gleich ins Bad." „Von wegen!", schnappt Herr Morgenfroh. „Duschen fällt aus! Wir haben komplett verschlafen!"

So richtig schonend war das nicht. Entsprechend senkrecht sitzt seine Frau gleich im Bett. Eigentlich praktisch, wenn morgens alle so zügig aus den Federn kommen. Auch Bruno steht schon an der Tür. Offenbar ist irgendetwas im Gange. Und egal, was es ist – ER IST DABEI! Er bellt aufgeregt. „Oh Gott, ich hab Frühdienst!" *Die Patienten werden vor verschlossener Tür stehen und dich anklagend anstarren! Dein Chef macht dich zur Schnecke!"* – na bitte, Frau Morgenfrohs Fuzzy ist ebenfalls hellwach und nutzt seine Chance. Sie springt aus dem Bett und schnappt sich wahllos irgendeine Bluse vom Bügel. Wow – was für ein Muster! In einigen Stunden wird sie vermutlich in den Spiegel schauen und sich fragen, ob sie beim Anziehen noch recht bei Sinnen war. Jetzt allerdings nicht. Im Moment geht es ihr nur um eins, sich so weit zu bedecken, dass sie auf der Fahrt ins Berufsleben weder erfriert noch verhaftet wird.

Herr Morgenfroh durchwühlt hektisch seine Oberhemden. Verflixt, da ist kein weißes mehr! *„Das kann doch nicht so schwer sein, wenigstens EIN weißes Hemd zu bügeln!"*, raunt Fuzzy. „Verdammt, Eva, ich hab dir doch gesagt, ich brauche heute ein weißes!" Uiuiui, was für ein adrenalinfördernder Ton. Auf Frau Morgenfrohs Wangen leuchten auch schon die ersten hektischen roten Flecken. „Dann nimm halt ein blaues!", faucht sie genervt und stürmt aus dem Schlafzimmer. *„Er denkt immer nur an sich! Was für ein Egoist!"*

Auch Herr Morgenfroh flucht leise vor sich hin. „Ich hab ja immer schon gewusst, dass berufstätige Frauen den Haushalt nicht im Griff haben." Dass er diesen Satz nicht laut ausspricht, zeugt von großer Weisheit und langjähriger Erfahrung als Ehemann.

Mit einer gebrauchten Socke im Maul galoppiert der Hund in Richtung Flur. Er ist in Jagdstimmung. Sein Herrchen offenbar auch. Toll! „Gib die Socke her, Bruno! Platz! Aus! Bei Fuß!" Im Kinderzimmer fliegen inzwischen die Rollläden hoch. „Schnell, raus aus den Federn, Kinder! Papas Wecker hat nicht funktioniert!" Aha, hören auch Sie diese kleine boshafte

Spitze heraus? Der neunjährige Paul zieht die Decke über den Kopf und stellt sich tot. Keine schlechte Methode. Die zwei Jahre jüngere Leonie versucht es mit energischem Protestjammern. Allerdings sind beide Varianten zum Scheitern verurteilt. Frau Morgenfroh will es jetzt wissen – können ihre Kinder sich zusammenreißen, wenn es darauf ankommt?

Immerhin hat sie Jahre ihres Lebens für deren Erziehung geopfert. *„Jawohl! Andere Kinder ziehen sich schließlich jeden Tag von alleine an! Manche streichen sogar ihre Vesperbrote selbst und richten den Frühstückstisch!"* Ja, vermutlich gibt es solche Kinder irgendwo. Eine Art Pärchen aus dem Märchen, wie Hänsel und Gretel etwa. Die sollen ja recht fleißig gewesen sein. Na ja, Paul und Leonie könnten vermutlich ebenfalls, wenn sie wollten – nur sie wollen halt nicht so recht. Verständlich – der Anreiz ist nicht stark genug. In der ersten Schulstunde hat nämlich Leonie Mathematik und Paul keine Lust.

Frau Morgenfroh erhöht den Anreiz: „Augenblicklich aufgestanden! Sonst könnt ihr zu Fuß zur Schule gehen!" Na bitte. Geht doch. Dieser Anreiz ist optimal. Allerdings ist ihr Fuzzy auch gleich bei Fuß: *„Eine gute Mutter ist nicht grob!"*

Mit schlechtem Gewissen rauscht Frau Morgenfroh aus dem Zimmer. Oje, der Hund muss auch noch raus! Herr Morgenfroh wirft in der Zwischenzeit eine grüngestreifte Krawatte achtlos aufs Bett. Wo zum Kuckuck ist die dunkelblaue? Vielleicht in der Schublade darunter? Er gibt der offenen Lade einen heftigen Stoß. Sie schließt sich allerdings nur gemächlich. Diese Softeinzüge! Immer im Weg, wenn man es eilig hat! Herr Morgenfroh reißt die Schublade darunter auf. Da ist ja die blaue! Endlich die passende Krawatte in der Hand, hastet er Richtung Badezimmer. Wenigstens noch schnell rasieren! Im Flur tritt er barfuß auf Meister Yoda. „Aaarrgh!" Stöhnend humpelt er weiter. „Hab ich euch nicht schon tausendmal gesagt, dass ihr euren Mist nicht im Flur herumliegen lassen sollt!?" Hui, schon wieder dieser Ton! Eigentlich ist Herr Morgenfroh ein wirklich sympathischer Familienvater. Ehrlich!

Fürsorglich ermahnt ihn sein Fuzzy: „*Beeil dich! Stell dir nur mal vor, du kommst zu spät zum Meeting! Die ganze Abteilung sitzt dann am Tisch und starrt dich anklagend an.*" Prompt schneidet er sich beim Rasieren. Unter Stress werden wir leider ein wenig fahrig. Herr Morgenfroh presst sein Taschentuch auf die blutende Stelle und blickt hektisch auf die Uhr. Zehn nach halb acht. Oh Mann!

Immer noch das Tuch auf die Wunde gepresst, schlüpft er mit eineinhalb Händen in Hemd und Hose. Danach bindet er umständlich seine Krawatte. Seine Frau steckt atemlos den Kopf zur Tür herein. „Hast du kurz Münzgeld? Paul braucht heute sieben Euro für den Schulausflug." Der Krawattenknoten sitzt schief. Frustriert zerrt Herr Morgenfroh an der Schlinge. „Ich hab jetzt weiß Gott keine Zeit, um nach Kleingeld zu suchen!" Er bindet den Knoten erneut. Frau Morgenfroh funkelt ihn wütend an.

„Ich kann dem Jungen doch keinen 50-Euro-Schein mitgeben!" „Natürlich nicht!" schnappt Herr Morgenfroh aufgebracht. „Kriegt er eben kein Geld mit. Dann lernt er wenigstens, nächstes Mal früher mit solchen Geschichten zu kommen!" Paul lauscht im Hintergrund.

„Das ist so gemein!" heult er laut auf. „Dann darf ich morgen nicht mit ins Theater gehen!" *„Stattdessen musst du in den Unterricht der ersten Klasse! Wie peinlich ist DAS denn?"* Aha, auch Pauls Fuzzy ist inzwischen offenbar in Hochform. Herr Morgenfroh hastet zur Garderobe und schnappt seine Jacke vom Haken. Das Frühstück bleibt heute, wo es ist. Im Schrank. Die Krawatte sitzt schon wieder schief. Es ist zum Verrücktwerden! Egal jetzt! Er fährt hektisch in den linken Ärmel. Bruno bellt und Paul heult immer noch in der Küchentür. „Himmel!", flucht Herr Morgenfroh entnervt. „Aus, Bruno! Und du hör endlich auf zu plärren, Paul!"

Frau Morgenfroh starrt ihren Mann vorwurfsvoll an. Ihr Fuzzy vergleicht den Ehegatten in Windeseile mit einigen vorbildlichen Männern aus ihrem Bekanntenkreis. Er schneidet nicht gut ab. *„Offenbar hockst du mit einem Grobian in der Ehefalle!"*

Sie ignoriert ihren Gatten mit eisiger Miene. Frauen sind Spezialisten für so etwas (hoppla, war das etwa gerade mein eigener Fuzzy?). „Komm, Paul", tröstet sie den jammernden Paul. „Dann nimmst du eben meine fünfzig Euro mit." Frau Morgenfroh steckt dem Jungen kurzerhand ihren letzten Schein zu. Paul schnieft und guckt erfreut.

„Sag mal, geht's noch?! Das ist jetzt nicht ihr Ernst. Man weiß doch, wie es heutzutage an den Schulen zugeht!" Herr Morgenfroh reagiert auch prompt. „Bist du verrückt? Die werden ihm doch garantiert geklaut!" Entnervt durchwühlt er die Jackentaschen nach seiner Geldbörse. Sie ist nicht da! Hat er sie vielleicht irgendwo liegen lassen? Sofort durchzuckt ihn eine Vision von gesperrten Kreditkarten und lästigen Anrufen bei der

Bank. Nein, doch nicht. Hier ist sie. Sie war lediglich zwischen das Futter gerutscht. Himmel, diese Jacke hat mehr Futter als eine Kuh im ganzen Jahr! Erleichtert zieht er die Börse hervor und klappt sie auf.

Ein Fehler, wie sich gleich herausstellt. Aber Fehler passieren in solchen Momenten und es war sowieso nicht sein erster heute. Der Druckknopf ist ausgeleiert – das hat er ganz vergessen. Das Fach mit dem Münzgeld öffnet sich daher wie von Zauberhand und die Hälfte des Inhaltes springt munter über den Fußboden.

Man könnte jetzt auch die positive Seite der Sache sehen, denn immerhin blieb die andere Hälfte in der Börse. Aber um sich in einen echten Optimisten zu verwandeln, fehlt Herrn Morgenfroh gerade einfach die rechte Stimmung.

Leonie rutscht bereits eifrig auf den Knien umher. Auch der Hund freut sich. Endlich Action! „Lass das liegen, Leonie!", schnauzt Herr Morgenfroh. „Wir haben jetzt keine Zeit dafür! – Aus, Bruno! AUS! Himmel, kann mal einer den Hund wegnehmen?" Frau Morgenfroh schnappt Bruno am Halsband und Herr Morgenfroh fingert einen Zehn-Euro-Schein aus seiner Börse. Ungehalten drückt er ihn Paul in die Hand. „Aber pass gut darauf auf. Damit zahlst du diesen verdammten Ausflug – und für dich und deine Schwester ein vernünftiges Pausenbrot." Pauls Augen leuchten auf. Leonies auch. *„Garantiert schlagen die beiden sich den Bauch mit Mohrenkopfbrötchen voll!"* „Vernünftig, hab ich gesagt!"

Herr Morgenfroh schiebt die beiden energisch vor sich her. Im Flur herrscht heftiges Gedränge (Gedränge hebt die Stimmung übrigens nur ganz selten).

„He, das ist mein Schal, gib her!" Leonie zerrt wütend an einem Wollungetüm mit lila Herzchen. *„Bestimmt will Paul dich ärgern! Er ärgert dich immer!"* „Autsch!" Paul taumelt rückwärts. „Bist du denn bescheuert, blöde Kuh? Das hässliche Ding will ich nicht mal geschenkt!" Er wirft Leonie den Schal ins Gesicht. „Kinder, hört auf euch zu streiten!" Frau Morgenfroh drängt die beiden durch die Haustür und schnappt sich schnell noch ihren Schlüsselbund vom Haken. „Los, ihr zwei, ab ins Auto!" Bruno bleibt aufgeregt zurück. Offenbar gibt es heute etwas besonders Spannendes dort draußen – wo alle so aufgeregt sind! Nur ER muss im Haus bleiben. Wie ungerecht! Na gut – dann zerlegt er eben das Sofakissen. Besser als gar nichts.

Frau Morgenfroh schließt den Familienkombi auf, der direkt hinter dem Firmenwagen parkt. Jetzt stehen auch noch die Mülltonnen im Weg! Die werden heute abgeholt. Herr Morgenfroh befördert sie im Laufschritt zur Straße. *„Na ja, eigentlich macht er das ja nur, weil er sonst selbst nicht aus der Einfahrt kommt."* Ungehalten befördert Eva die Schultaschen in den Kofferraum. Motor anschalten, Gebläse auch. Jetzt noch warten, bis die Scheiben frei sind.

Herr Morgenfroh kommt im Laufschritt in die Einfahrt zurück. *„In diesem Haus musst du wirklich an alles selber denken!"* Mit einem kurzen Nicken legt Frau Morgenfroh den Rückwärtsgang ein und braust davon. *„Hmm, der Abschied war auch schon mal inniger."* Herr Morgenfroh hastet ebenfalls zu seinem Wagen. Fieberhaft klopft er Jacke und Hose nach dem Autoschlüssel ab. Er weiß es noch nicht, aber er wird ihn nicht finden.

Der Schlüssel liegt gemütlich auf dem Flurschränkchen. Dort hat er ihn hingeworfen, als er Paul mit Geld und guten Worten versorgte. Er ruht übrigens direkt neben seinem Hausschlüssel.

Verlassen wir Herrn Morgenfroh an dieser Stelle. Er lebt schließlich nicht einsam am Nordpol. Er wird schon eine passende Lösung finden. Doch es wird noch eine ganze Weile dauern, bis seine Stimmung wieder an jenem Punkte angekommen ist, an dem es ratsam ist, ihn anzusprechen. Falls Sie ihm also heute begegnen – denken Sie bitte daran.

KAPITEL 3

Die Zeitbombe

Nehmen wir einmal an, Adam Morgenfrohs Wecker hätte pünktlich geklingelt. Dann wäre er vermutlich gut gelaunt und völlig entspannt zu seiner Arbeitsstätte aufgebrochen. Möglicherweise hätte er auf seinem Weg noch ein süßes Gebäck beim Bäcker erstanden – für sein zweites Frühstück im Büro. Wahrscheinlich hätte er mit der Dame hinter der Theke gut gelaunt ein paar scherzhafte Worte gewechselt und dadurch dafür gesorgt, dass die Bäckersfrau den Lieferanten, der später die falsche Mehlsorte bringt, nicht mürrisch zurechtweist. Eine Verkettung glücklicher Umstände also.

Auch Eva Morgenfroh käme an diesem sonnig schönen Frühlingstag vermutlich gut gelaunt in der Arztpraxis an, würde hoch motiviert ihre Arbeit beginnen und unter Kolleginnen und Patienten eine angenehme Stimmung verbreiten. Allerdings würde sich dieser Effekt im Laufe des Vormittags abnutzen – denn sie hat heute einen straffen Terminplan. Mit Pflichten, die sie erfüllen muss! Beruf, Einkaufen, Hausarbeit, Kinder, Hund, Garten ... wie jede Woche eben. Eigentlich wie jeden Tag. Hm, wenn man es genau betrachtet, im Grunde wie immer.

Selbstverständlich steht Frau Morgenfroh nicht ständig unter Stress. Die Wochenenden zum Beispiel genießt sie stets ausgiebig. Ausschlafen, bis der Hund raus muss, Unternehmungen mit der ganzen Familie:

Schwimmbad, Zoo, Drachen steigen, Abenteuerspielplatz ... toll so was! Jedenfalls wenn man acht Jahre alt ist. Frau Morgenfroh ist allerdings schon etwas älter. Sei's drum – man kann eben mit Kindern nicht einfach, wie man will.

Und auch heute kann Frau Morgenfroh nicht, wie sie will. Wie gesagt – Pflichten. Aber es werden schließlich noch andere schöne Tage kommen. Vermutlich. Und DIE wird sie dann aus vollem Herzen genießen. Vermutlich. Jetzt ist allerdings nicht die passende Zeit für Genuss. JETZT ist die Zeit, den unverschämten Patienten mit dem Goldzahn und der Platin-Privat-Krankenkassenkarte höflich ins volle Wartezimmer zu bitten. JETZT ist die Zeit, dem aufreibenden Privatleben der redseligen Kollegin ein Ohr zu schenken und gleichzeitig das Telefon zu bedienen. JETZT ist die Zeit, die Frühstückspause durchzuarbeiten, Ängstliche zu beruhigen und souverän zu wirken. Eben einfach die Zeit, keine Zeit zu haben.

Goldzahn kommt auch schon wieder aus dem Wartezimmer und beschwert sich energisch. Er sei Unternehmer und habe schließlich nicht den ganzen Morgen Zeit. *„Hat er tatsächlich gesagt: Wie die Damen hinterm Tresen?!!"* Ob das hier alles nicht auch ein bisschen schneller gehe. Er könne seine Kunden schließlich auch nicht den halben Tag in ein Wartezimmer pferchen! *„Du könntest ihm anbieten, ihm eins überzubraten, dann wäre er ein Notfall und könnte sofort behandelt werden."* Selbstverständlich sagt Frau Morgenfroh nichts dergleichen. Stattdessen bittet sie den Patienten um Geduld. Macht ihn freundlich auf einen Wasserspender und eine kleine abgeschiedene Sitzecke aufmerksam.

Eine Sonderbehandlung, die ihn vorerst zufriedenstellt. Auch sonst bietet der Morgen viel. Doch auch der schönste Arbeitstag geht einmal zu Ende. Für Frau Morgenfroh ist das um Punkt zwölf Uhr der Fall. Offiziell jedenfalls. Meist wird es allerdings Punkt zwölf Uhr dreißig. Oder Punkt dreizehn Uhr – je nach Lage der Dinge. Heute wird es Punkt dreizehn Uhr fünfzehn. Ausgerechnet! Sie muss noch einkaufen und um vierzehn Uhr die Kinder von der Schulbetreuung abholen. Natürlich wird Frau Morgenfroh trotz der Eile nicht einfach aus der Tür stürmen. *„Das gehört sich schließlich nicht."* Hastig sucht sie die Kollegin für einen Abschiedsgruß. Na so was – die ist offenbar schon weg. Stimmt, die musste ja dringend zum Bus. Ja dann kann Frau Morgenfroh jetzt auch aus der Praxis stürmen.

Und sie stürmt. Zumindest die ersten sieben Meter. Die Autoschlüssel hat sie schon parat. Der Parkplatz ist in Sichtweite. Die Zeit drängt. Hoppla! Wer kommt denn da? Nadine aus der Parallelklasse. Die hat sie ja schon ewig nicht mehr gesehen. Und das soll auch so bleiben. Hastig steckt Frau Morgenfroh den Schlüssel ins Autoschloss.

Ein erfreuter Aufschrei: „Mensch, Eva!" Frau Morgenfroh zuckt zusammen und fährt wie ertappt herum. „Mensch, Nadine!" Pflichtbewusst setzt sie eine begeisterte Miene auf. Nadine ist völlig aus dem Häuschen. Sie besteht darauf, dass die Schulkameradin sich in den letzten dreißig Jahren überhaupt nicht verändert hat! Frau Morgenfroh lügt freundlich zurück. Zwei Wunder der Natur also, von denen zumindest eines unheimlich knapp in der Zeit liegt. „Du, ich hab es leider furchtbar eilig. Ich muss zum Supermarkt und dann noch die

Kinder abholen …" Nadine gackert begeistert: „Ganz die alte Eva. Immer unter Strom! Ha ha! Weißt du, du erinnerst mich da total an meinen Mann, der hat doch damals auch immer … bla bla bla … und jetzt hat er diesen scheußlichen Bandscheibenvorfall … bla bla bla … und weißt du noch, wie … bla bla bla …"

Will man ein derartiges Gespräch höflich beenden, kann man entweder eine passende Lücke abwarten oder die Höflichkeit einfach über Bord werfen. Frau Morgenfroh entscheidet sich für die Lücke, so ist sie nun mal erzogen (das nennt man Pech). Die Lücke wird schon kommen. Sie wartet also … und wartet … und wenn sie nicht gestorben ist … Nein! Ganz so weit will Eva Morgenfroh nun doch nicht gehen. *„Aber du kannst sie natürlich auch nicht einfach hier stehen lassen. Das wäre unverzeihlich unhöflich!"* Aber ich muss doch dringend los! *„Egal. Du bleibst hier, bis dir eine passende Ausrede einfällt!"* Der Hund! Der Hund ist immer ein passendes Argument. Der Arme wartet schon so lange zu Hause und muss dringend Gassi. Er zerreißt sonst die Gardinen, die Geranien und das neue Sofa.

Nadine hat vollstes Verständnis. Schließlich ist sie Tierfreundin. Eva drückt die alte Schulkameradin zum Abschied freudig (wirklich freudig, denn schließlich ist sie die Tierfreundin endlich los). Obligatorisch tauscht man noch schnell die Adressen aus und verspricht sich ein Wiedersehen. Im Geiste steht Eva schon am Supermarktregal. Und tschüss! Und weg!

Die Schlange an der Supermarktkasse ist lang. Wie gut, dass Frau Morgenfroh gelernt hat, solche Pausen sinnvoll zu nutzen. Ihr Gehirn arbeitet fieberhaft. Hat sie auch nichts vergessen? Oje, der Wein! Ihr Mann hatte sie beim Abschiedskuss gebeten, eine gute Flasche Rotwein für heute Abend zu besorgen. Dabei hat er sie vielsagend angesehen und „bis heute Abend, mein Schatz, ich freu mich schon auf dich" in ihr Ohr geflüstert. Frau Morgenfroh seufzt. Ist es etwa schon wieder so weit? Danach ist ihr heute gar nicht … Naja, den Wein hat sie jedenfalls vergessen. Sie schaut auf die Uhr. Knapp dran – aber sie wird es schaffen. Gut, dass sie gestern Abend schon vorgekocht hat.

Ein junger Mann mit einer Tütensuppe und einem Joghurt beugt sich zu ihr. „Entschuldigen Sie bitte, dürfte ich vielleicht vor?"

Eva starrt ihn an. „NEIN!", kreischt es lautstark in ihr. „Nur über meine Leiche!" „Aber natürlich, gehen Sie ruhig vor", antwortet sie mit Gefrierlächeln und köchelt im Geiste vor sich hin. Fuzzy hat wieder mal gewonnen. *„Was manche Leute sich trauen! DU hättest niemals gefragt. DU hättest höflich abgewartet, ob jemand von sich aus …"* Der junge Mann schlendert vergnügt aus dem Laden. Deutlich weniger vergnügt wendet sich Eva der Kassiererin zu. Aha, wieder eine mit schlechter Laune, denkt diese und zieht frustriert die Waren über den Scanner. Schnell die Einkäufe ins Auto gepackt. Eingestiegen. Motor an. Tüteltüteltüt! Das Handy. Auch das noch! Bitte nicht jetzt! Frau Morgenfroh fährt zügig aus der Parkbucht.

Tüüteltüütltüt! Hm … *„HALLO! Du kannst das doch jetzt nicht einfach klingeln lassen! Wofür hast du schließlich ein Handy. Und vielleicht ist es wichtig?"* Es tütet erneut. Sie wirft einen hastigen Blick auf das Display, während sie sich in den Nachmittagsverkehr einreiht. DER ELEKTRIKER! Frau Morgenfroh fühlt sich einen winzigen

Moment, als würde ihr eine ganz besondere Gnade widerfahren. Na endlich! Auf diesen Anruf wartet sie schon seit Wochen. Ein Termin für den defekten Wäschetrockner. Ihn zu ergattern erscheint ihr mittlerweile fast wie ein Sechser im Lotto. *„Siehst du! Beinahe wärst du nicht ran gegangen."* Zu dumm, sie hat ihren Terminkalender in der Handtasche. Wenn sie jetzt dem Elektriker sagt, dass er später nochmal anrufen soll, dann hört sie vermutlich im nächsten halben Jahr keinen Ton mehr von ihm. *„Du kannst jetzt nicht anhalten. Du bist eh schon spät dran. Nicht dass Leonie und Paul noch bei Fremden einsteigen!"* Tüteltüt … tüteltüt … *„Komm, riskier es!"* Das Handy unters Kinn geklemmt umkurvt Frau Morgenfroh einen Mofafahrer und durchwühlt mit der rechten Hand ihre Handtasche. Dass ihr Puls, am Ziel angekommen, bei 180 liegt, ist hoffentlich gut für ihre Gesundheit.

Vor der Schule parken bereits zahllose Eltern in zweiter Reihe. Keine Chance anzuhalten. Frau Morgenfroh hält kurzerhand auf dem einzigen freien Stellplatz vor einem Einfamilienhaus. Die Kinder haben sie bereits entdeckt – der Hausbesitzer leider auch. Mit puterrotem Gesicht stapft er durch den Vorgarten. Ob sie keine Augen im Kopf habe – dies sei schließlich ein Privathaus und kein öffentlicher Parkplatz! Eine absolute Unverschämtheit sei so etwas! Das erlebe er hier jeden Tag! Da soll noch mal einer behaupten, Gartenarbeit wirke beruhigend. Frau Morgenfroh gelingt es, den Mann leidlich zu beschwichtigen. Vor sich hin schimpfend verschwindet er im Haus. Leonie kommt mühsam angehumpelt. Himmel! Was ist denn da passiert? Umgeknickt, gerade eben. Beim Runterspringen von der

Mauer. Auch das noch! *"Hättest du Nadine schneller abgewimmelt ... den Typ an der Kasse nicht vorgelassen ... nicht nach deiner Kollegin gesucht ... wieder Mal nicht auf mich gehört! Immer überlässt du anderen das Zepter. Das hast du nun davon!"* Ein schneller Kontrollblick, eine Packung Gefriererbsen aus dem Kofferraum auf den geschwollenen Knöchel und dann nichts wie losfahren.

„Na, wie war es in der Schule?" Eine Fünf in Mathe und eine Freikarte für zwei Stunden Nachsitzen sind die einzige Ausbeute des heutigen Tages. Paul ist sauer und Leonies Knöchel schmerzt. Frau Morgenfroh ist mit Zuhören, Trösten und Straßenverkehr beschäftigt. *„Na und – du bist multitaskingfähig. Als Mutter muss man das sein."* Allmählich bekommt sie Kopfschmerzen.

Zu Hause verschwinden die Kinder sofort durch die Eingangstür. Frau Morgenfroh lädt das Auto aus. Der Nachbar grüßt und reicht ihr ein Päckchen über den Gartenzaun, mit der Bemerkung, dass der Postbote in letzter Zeit recht häufig Pakete bei ihm für Morgenfrohs abgäbe. *„Bestimmt ist es dem Nachbarn lästig, dass der Postbote ihn ständig wegen eurer Pakete rausklingelt. Vielleicht denkt er sogar, dass du eine Verschwenderin bist! Viel zu viel bestellst."* Vielleicht sollte sie die Paketannahme anders organisieren?

Der Nachbar nutzt die Gunst der Stunde und erwähnt beiläufig, dass er eine Kiste mit alten Spielsachen bei sich aussortiert hat (sehr alte Spielsachen – seine Kinder sind schon fast dreißig). Er schlägt vor, die Kiste gleich heute Mittag vorbeizubringen. Bloß nicht, denkt Eva. Die beiden haben sowieso schon viel zu viel Zeug. Da wettert Fuzzy: *„Na hör mal – schließlich nimmt der Nachbar eure Pakete entgegen."* „Ja klar, das ist sehr nett von Ihnen", entgegnet Eva höflich und gottergeben. Dann schleppt sie die Einkaufstüten in den Flur, wo Paul mit dem Hund tobt, der dringend Gassi muss, während Leonie im Wohnzimmer jammert, weil ihr Knöchel pocht. Gut, dass in diesem Moment das Telefon klingelt. Abwechslung kann man immer gebrauchen. Herr Morgenfroh möchte wissen, ob er die Unterlagen in der roten Mappe zu Hause hat liegen lassen. Eine gute und wichtige Frage, die Frau Morgenfroh im Moment allerdings völlig piepegal ist. Das kann sie so natürlich nicht sagen. Während Paul in der Küche verschwindet (natürlich ohne Einkaufstüten), dirigiert Herr Morgenfroh seine Frau rasch zum Nachttisch im Schlafzimmer. Dort soll sie prüfen, ob die rote Mappe irgendwo auf dem Nachttisch liegt – oder im Bad ... oder doch unten auf dem Stuhl im Flur ... Im Hintergrund jammert Leonie erneut, nebenher durchstöbert Bruno mit der feuchten Schnauze die Einkäufe. In diesem Moment begeht Paul den größten Fehler seines unschuldigen Tages ... er betritt den Flur.

Zwischen seinen Zähnen steckt etwas, das nach Schokoriegel aussieht, genauso riecht und mit Sicherheit auch ebenso schmeckt. In der Hand hält er drei weitere Feinde froher Zahngesundheit. Er weiß es noch nicht, aber er wird nicht mehr dazu kommen, sie zu genießen. Denn dies ist der Moment, in dem Frau Morgenfroh der Kragen platzt. Paul kennt schließlich das familiäre Morgenfrohsche Gesetz: KEINE SÜSSIGKEITEN VOR DEM MITTAGESSEN! Zwei Minuten später hat Paul das Gefühl, ein Orkan sei über ihn hinweggefegt. Der Schokogeschmack in seinem Mund wird plötzlich irgendwie schal. Leonie blinzelt ängstlich durch die Wohnzimmertür. Auch der Hund hat sich in eine Ecke verkrochen. Auf der anderen Seite des Telefons herrscht absolute Stille. Die Kinder starren Frau Morgenfroh mit großen Augen an. Frau Morgenfroh atmet heftig. Im Flurspiegel begegnet sie einer Frau mit heftig geröteten Wangen und zornigen Augen.

SPIEGELSITUATION

Wer ist denn das???, schreit alles in ihr entsetzt. Natürlich kommt es in den besten Familien vor, dass man vor den Spiegel tritt und einen dabei fast der Schlag trifft – direkt nach dem Aufstehen zum Beispiel oder gleich nach dem Abschminken. Aber die schlimmsten Momente sind wohl die, in denen man der eigenen Verzweiflung mitten ins Gesicht blickt ...

Schockiert starrt Eva Morgenfroh ihren erregten Zwilling im Spiegel an. Die angespannten Wangenknochen, die breiten Nasenflügel, die weit aufgerissenen Augen. Eine Furie!, denkt sie entsetzt. *„Unsinn"*, kontert Fuzzy, *„DIE ANDEREN sind schuld! Keiner nimmt schließlich Rücksicht auf dich! Die brauchen sich nicht zu wundern, dass du da irgendwann ausflippst. Entspann dich. So etwas kommt vor."* Aber ich hätte nicht so heftig reagieren dürfen! *„Stimmt. Du hättest hier viel mehr Verständnis zeigen sollen – so wie bei Goldzahn heute Morgen oder bei dieser schwatzfreudigen Schultante. DA warst du wirklich vorbildlich!"* Aber ich hatte einfach nicht mehr die Kraft dazu. *„Verstehe ich völlig. Es war auch absolut richtig, dass du deine angestaute Wut an den Kindern ausgelassen hast. DIE können sich wenigstens nicht* *bei deinem Chef beschweren. Stell dir vor, du hättest stattdessen Goldzahn die Meinung gesagt. Was das für Folgen gehabt hätte! Vielleicht hätte er dich erschossen. So was soll vorkommen. Jaja, Ehemänner und Kinder sind da viel leichter einzuschätzen."*

Eva schnappt nach Luft. Für einen Moment ist sie sprachlos. Aber es stimmte. Paul hat abbekommen, was Goldzahn, Schwatz-Nadine und der unverschämte Kerl vor der Schule aus vollem Herzen verdient hätten. Paul war quasi der entscheidende Funke gewesen, der in ihrem Pulverfass gefehlt hat. Sie hatte den ganzen langen Vormittag allen Ärger in sich hineingefressen und ist dann wegen eines Stückchens Schokolade gewaltig explodiert. Eva schämt sich maßlos.

„Hach, ganz der Papa!", schwärmt Fuzzy begeistert. Nein! Eva erschrickt. *„Doch! Erinnerst du dich nicht mehr? Wenn er von der Arbeit nach Hause kam, ist er ständig wegen Kleinigkeiten explodiert. Glaub mir, er wäre stolz auf dich! Du hältst die Familientradition in Ehren. Ärgern, reinfressen und so lange durchhalten, bis man zu Hause ist."* Ich bin nicht so!, protestiert Eva hilflos. *„Stimmt. Du bist anders."* Aber wie anders? Sie blinzelt misstrauisch. *„Du hältst länger durch. Was ist beim Ärgern und In-Dich-Reinfressen eigentlich dein Rekord? Drei Tage? Drei Monate? Drei Jahre? So wie bei deinem Ärger über deine Schwiegermutter damals. Waren es da nicht sogar fünf Jahre? Wirklich bewundernswert. Ist bestimmt spannend für deine Familie, wenn sie nie so genau weiß, wann du explodierst."* Eva ringt verzweifelt um Fassung und fühlt weitere Tränen heiß in sich aufsteigen. Ich bin nicht so! *„Ach ja?"* Ich will so nicht sein! *„Aha, JETZT kommen wir der Sache allmählich näher."* Eva spürt, wie die Tränen langsam aus ihren Augenwinkeln quellen. Bloß nicht vor den Kindern weinen! Stark sein! NEIN! Nicht mehr stark sein. Den Schmerz zulassen. Weinen, wenn mir danach ist. „Es tut mir so leid, Paul." Mich entschuldigen, wenn mir danach ist.

„Eva? EVA! Verdammt noch mal, was ist denn da los bei euch?" Adam ist immer noch am anderen Ende der Leitung. Und dort wird er vorerst auch bleiben müssen, denn Eva hat gerade keine Zeit für ihn. Eva hat im Moment nur Zeit für sich. Sie weint die Tränen all der vergangen Jahre. Auflegen, wenn mir danach ist. Eva und ihre Tränen feiern ein heftiges, feuchtes Fest der Wiedersehensfreude. Was für eine Befreiung! Trauer, Wut, Scham, Verzweiflung und Reue … sie gibt sich ganz ihren Gefühlen hin. Nach und nach kehrt auch wieder Friede in Evas verschwommenem Spiegelbild ein. Das Leuchten findet in ihre Augen zurück. Sie spürt, dass etwas Tieferes passiert ist. Sieht sich klarer – nicht nur im Spiegel. Ohne Urteil. Ohne Schleier. Einfach. Natürlich. Ehrlich.

KAPITEL 4

Feierabend

Herr Morgenfroh hat einen anstrengenden Arbeitstag hinter sich. Endlich ab nach Hause. Eine Kleinigkeit essen, ein wenig Zeitung lesen, danach eine sportliche Runde mit dem Rad. Und wenn die Kinder im Bett sind, kann er sich ausgiebig mit der neuen Angelausrüstung beschäftigen. Lassen wir Herrn Morgenfroh kurz in dem seligen Glauben. Jetzt pfeift er sogar vor sich hin – wie nett. Ja, den Unwissenden gehört die Welt.

Auch Frau Morgenfroh hatte ein anstrengendes Programm. Den halben Nachmittag verbrachte sie mit den Kindern beim Zahnarzt. Routinekontrolle. Danach im Supermarkt. Routineeinkauf. Hinterher auf dem Spielplatz. Routinelangeweile. Und jetzt sitzt der Nachwuchs seit einer halben Stunde mit starrem Blick im Wohnzimmer und erleidet von Zeit zu Zeit einen kleinen Wutanfall. Nein, die Ursache ist keine seltsame Krankheit, sondern eine Spielkonsole der neuesten Generation. Und sind wir mal ehrlich – wer würde KEINEN Wutausbruch bekommen, wenn der ihm zugeteilte Affe dreimal vom Nashorn fällt und dann auch noch an einer Bananenstaude hängen bleibt! So etwas kann zwei unter Zehnjährige schon mal zur Weißglut treiben. Frau Morgenfroh nutzt das Bananenstaudenproblem für sich und hängt rasch die Wäsche im Garten ab. Als sie das Auto in der Einfahrt hört, seufzt sie erleichtert. Gott sei Dank, heute kommt Adam früher nach Hause. Sie freut sich darauf, ihm beim Essen in der Küche Gesellschaft zu leisten. Es gibt ja immer so viel zu erzählen. Außerdem tut ihr die kleine Pause gut. Danach wird er die Zeitung lesen wollen und später kann er sich sicher noch ein bisschen mit den Kindern beschäftigen. Sie freut sich bereits auf diese Auszeit. Natürlich besteht immer die Möglichkeit, dass sich die Feierabendpläne von zwei gestressten Partnern optimal ergänzen. Wenn Weihnachten und Ostern auf einen Tag fallen zum Beispiel. Heute ist allerdings Donnerstag. Und zwar einer von der ganz normalen Sorte …

Herr Morgenfroh betritt den Flur. Aus dem Wohnzimmer dröhnt ihm das Geräusch der Spielkonsole entgegen. Er runzelt die Stirn. Draußen ist das schönste Wetter und die Kinder hocken vor der Glotze. Er schaut in die Töpfe auf dem Herd, Gulasch mit Bratkartoffeln, ein bisschen mächtig vor dem Radfahren. Er wird später essen. Jetzt nur eine leichte Kleinigkeit. Er schnappt sich ein Brötchen und legt eine Scheibe Käse darauf.

„Sag mal, was wird denn das, wenn es fertig ist? Du siehst doch, dass ich gekocht habe!" Mit dem Wäschekorb unterm Arm steht Frau Morgenfroh vorwurfsvoll in der Küchentür. *„Ihm ist nicht gut genug, was du kochst!"*, untermauert ihr Fuzzy. *„Kein Wunder – wo er ständig Geschäftsessen in teuren Restaurants hat."* Herr Morgenfroh beißt schnell nochmal in das Brötchen. „Du, ich fahr erst noch eine Runde mit dem Rad. Ich brauch das jetzt, damit ich den Kopf freibekomme."

Schwupps sind Frau Morgenfrohs Pläne durchkreuzt. *„Hallo? Eva? Bist DU eigentlich alleine für die Familie zuständig?"* Sie stellt resolut den Wäschekorb ab. „Ja und ICH? Glaubst du, ich bräuchte den Kopf nicht auch mal frei?" „Ich bin ja in einer halben Stunde schon wieder da", erwidert er, während sein Fuzzy feststellt: *„Sie gönnt dir nicht mal diese kleine Auszeit. Dabei kann sie den ganzen Nachmittag tun und lassen, was sie will."* Eben. Und deshalb hat Herr Morgenfroh auch kein schlechtes Gewissen. Wangenküsschen.

„DER macht das trotzdem! Nicht mal Zeit für die Kinder hat er! Den lässt du jetzt nicht so einfach davonkommen!" Schnell hat Frau Morgenfroh eine alternative Lösung parat. „Prima, dann kann Paul ja gleich mitfahren und die Einladungen für seine Geburtstagsfeier in die Briefkästen einwerfen!" Hm ... so hat sich Herr Morgenfroh seine Runde mit dem Rad eigentlich nicht vorgestellt. Andererseits, so eine gemeinsame Aktion ist für den Jungen sicher gut. *„Genau! Schließlich ist er den ganzen Tag ja nur von Frauen umringt – es gibt ja kaum noch Männer unter den Grundschullehrern. So ein männliches Vorbild ist da ideal."*

Aber Pauls Vorbild für den heutigen Tag heißt bereits Donkey Kong, reitet auf einem Nashorn und steht kurz vor dem Endsieg. Paul kann die Konsole also jetzt auf gar keinen Fall ausschalten! Aber als Vater hat man bekanntlich die Aufgabe, seinen Kindern zu zeigen, dass man alles kann, was man wirklich will. Konsolen ausschalten ist da ein echter Klacks. Jetzt hat Paul erst recht keine Lust mitzukommen. Und einen Wutanfall hat er auch. *„Adam hat wirklich keinerlei Einfühlungsvermögen!"* Frau Morgenfroh ist frustriert. Bevor ihr Mann kam, war alles so friedlich. Er könnte Paul ruhig ein wenig motivieren!

Ihr Mann denkt aber nicht daran. Adam Morgenfroh hat genug damit zu tun, sich selbst zu motivieren.

Ärgerlich schnappt er sich sein Mountainbike. So richtig Lust zum Radfahren hat er jetzt eigentlich nicht mehr. Mit dem sauertöpfischen Paul im Schlepptau radelt er das Neubaugebiet ab. Alle hundert Meter anhalten und Einladung einwerfen. Na super. Die Heimfahrt über die Felder wird deutlich kürzer als geplant, da Paul die große Runde AUF GAR KEINEN FALL (!) mitmachen will. Adam und Paul kommen mit verkniffenen Gesichtern zu Hause an. Na bitte, da soll noch mal einer sagen, dass männliche Vorbilder nicht abfärben!

Jetzt gibt es Gulasch mit Bratkartoffeln und einen kaputten Tretroller. Leonie hat damit den Acker gepflügt. Eine Aufgabe, der er nicht gewachsen war. Herrn Morgenfrohs Reparaturkünste sind gefragt. Danach installiert er den Rasensprenger – *„Ja, das wird auch langsam Zeit – schließlich hat es schon seit zwei Wochen nicht mehr geregnet. Die Steuerunterlagen musst du übrigens auch noch eintüten."* Doch erst mal warten die Kinder auf den Gutenachtkuss. Erledigt!

Damit hat Herr Morgenfroh einen Großteil der Punkte auf seiner Feierabendliste abgehakt. Nur zum Check der Angelausrüstung ist er nicht mehr gekommen. Wie schade, er hatte sich so darauf gefreut, die neue Rute genauer in Augenschein zu nehmen. Na ja. Morgen vielleicht. Jetzt muss er nur noch bei einem Glas Rotwein ein gutes Gespräch mit seiner Frau führen. Auf der Terrasse. Weil der sommerwarme Abend dafür ideal ist und so etwas zu einer guten Beziehung dazugehört – findet sie. Aber irgendwie fühlt er sich jetzt ausgepowert. Als das Telefon klingelt und Evas Freundin am Apparat ist, ist Adam sichtlich erleichtert. Er weiß, das wird dauern …

Zu müde, um noch irgendetwas Neues anzufangen, stellt er den Flachbildfernseher an und zappt durch die Kanäle. Ein Bericht über Stress im Alltag fesselt seine Aufmerksamkeit. Über die eigene Macht, mit der jeder angeblich seine Lebensqualität bestimmen könne. *„Was für ein Blödsinn!"*, stellt sein Fuzzy fest. *„Du bist immer irgendwie von anderen abhängig."* Der Moderator wirkt fast ein wenig winzig neben seinem dynamischen Gast. *„Schau dir den Aufzug an. Der traut sich was, so im Fernsehen aufzutreten."* Souveräner Typ, denkt Herr Morgenfroh. Seine Frau lässt sich auf der Couchlehne nieder. „Na, kommt was Interessantes?" Sie schaut wenig begeistert auf den Bildschirm. „Sag mal, läuft auf SAT1 nicht „Das Schweigen der Lämmer"?" „Kann schon sein, aber lass das mal kurz, scheint ganz interessant zu sein." „Im Ernst? Worum geht es denn?" „Um Stress im Alltag."

Eva grinst. „Na DEN hast DU doch den ganzen Tag. Willst du das echt auch noch im Fernsehen anschauen?" Nach einem kurzen Blick auf den souveränen Gast hat Eva ihr Urteil bereits gefällt. „Also der sieht jedenfalls nicht aus wie einer, der Alltagsstress hat." „Er ist ja auch der Experte", entgegnet Herr Morgenfroh. „Man muss schließlich auch kein Spargel sein, um zu wissen, wie man Spargelsuppe kocht." Eva streckt ihrem Mann die Zunge heraus und kuschelt sich an seine Seite. „Also gut. Mal hören, was dein Suppenkoch so sagt." „Wissen Sie", plaudert der Souveräne gerade, „viele Menschen verharren tage-, ja manchmal sogar jahrelang in ihren Problemen – ohne etwas zu verändern. Sie begegnen quasi Situationen immer mit der gleichen Art des Denkens und machen stattdessen andere dafür verantwortlich und – sich selbst dabei zum Opfer. Aber wenn man ständig das Gefühl hat, eine Situation nimmt einem immer wieder die Freude am Alltag, sollte man sie bewusst ändern können – so einfach ist das!"

„Na, der hat vielleicht Humor!", schnaubt Eva. „Glaubst du, der hatte schon jemals Schulden bei der Bank?" Der Moderator sieht die Sache ähnlich und stellt eine spitze Frage, doch der Souveräne hat natürlich die passende Antwort. Fast wie unser Paul, denkt Eva belustigt, der ist auch so ein Experte, der immer auf alles eine Antwort hat.

„… wer nicht selbst die Verantwortung für seine Situation übernimmt", fährt der Souveräne fort, „hat immer Argumente dafür: Ich kann nichts ändern. Ich brauche das Geld. Ich muss andere versorgen. Die anderen haben´s besser … Es gibt IMMER Gründe, etwas NICHT ändern zu müssen. Aber im Grunde sind das meistens Ausreden, um nichts ändern zu müssen. Diese Form des Denkens, des wiederholten Denkens, wird im Laufe der Zeit zur Gewohnheit, zum alten Denken. Wir finden Freunde und Bekannte, welche unsere Ansichten teilen und verstärken – ja, die Zeiten sind schlecht und schon ist alles erklärt, der Schuldige gefunden, das Leben definiert." Adam Morgenfroh grinst. „Meinst du, der Typ ist vom Mars?" „Schon möglich", kichert Eva. „Hier auf Erden kennt er sich jedenfalls offenbar nicht so recht aus."

Doch der Souveräne bleibt souverän. „Manche Menschen sind sich dessen bewusst. Und dieses Bewusstwerden ist ein Schritt, um aus dem Hamsterrad auszubrechen. Sie haben gelernt, mit ihrer Angst umzugehen und Veränderungen konsequent umzusetzen. Dann treffen sie – ohne Rücksicht auf die Umstände – ihre eigenen Entscheidungen. Und genauso entschieden sind sie bereit, die resultierenden Folgen auch zu tragen – oder zu genießen ..."

„Super!", brummt Adam. „Das mach ich nächste Woche auch. Ich ziehe auf ein Hausboot und schicke meinem Chef zum Geburtstag ein Selfie." Eva kichert. „Und was schickst du mir?" „Fische", entgegnet Herr Morgenfroh trocken. „Und die Rechnung fürs Hausboot." Auf der Couch geht es in diesem Moment eindeutig lustiger zu als auf dem Bildschirm.

„So muss es aber nicht sein", meint der Gast. „Schauen Sie, wenn Sie den Satz „Ich ärgere mich über meinen Chef" aussprechen, dann geben Sie doch dem Chef dadurch die MACHT über Ihren Ärger. ER hat also scheinbar die Macht darüber, dass SIE sich ärgern. Denken Sie mal darüber nach – das ist doch absoluter Unsinn – aber gewohntes, altes Denken! Niemand kann – ohne Ihr Dazutun – dafür sorgen, dass Sie sich ärgern. Falls jemand wirklich glaubt, dass sein Chef derartige Fähigkeiten besitzt, macht derjenige ihn zum Täter und sich selbst dadurch zum Opfer." Das klingt irgendwie logisch. Adam und Eva lauschen nun doch interessiert.

„... Und genau hier setzt zum Beispiel die EinsichT-Sprache an." „Ach so", grunzt Adam. „Eine andere Sprache lernen muss man auch." „Ich gebe zu, sie klingt im ersten Moment etwas gewöhnungsbedürftig, aber Sie wollen ja aus dem gewohnten Hamsterrad ausbrechen und das geht nun Mal nicht mit der gleichen Art des Denkens. Am Anfang reicht es schon aus, wenn Sie gedanklich damit experimentieren. Statt sich also zu sagen: „Ich ärgere mich über meinen Chef", formulieren Sie Ihren Satz einfach um und machen sich zum Akteur Ihres Ärgerns. Sagen Sie sich einfach: „Ich nutze meinen Chef, um mich zu ärgern! …"

„Wie dämlich klingt DAS denn! Auf so was fällt ein Mann wie du doch nicht rein." „Okay. Wo ist die Fernbedienung?" Wie ein U-Boot taucht Herr Morgenfroh unter die Sofakissen. „Nein!", kichert Eva. „Lass das! Ich will das sehen!" Der Souveräne bleibt also vorerst auf dem Schirm. Er weiß nichts von seinem knappen Sieg, daher punktet er unbesorgt weiter mit seinen Argumenten.

„Jeder von uns hat im Grunde schon dieses Sprachmuster benutzt. Es fällt uns nur nicht auf, weil uns die Formulierung vertraut ist. „Ich mache mich verrückt!", zum Beispiel, oder „Ich mache mich lustig über dich." EinsichT-Sprache ist also schlicht Gewöhnungssache. Ich selbst rede mit den Menschen, die mir tagtäglich im Beruf und im Alltag begegnen, selten in der EinsichT-Sprache, sondern so wie jeder andere auch. Sie werden schnell erkennen, dass schon allein die gedankliche Anwendung Einfluss auf Ihre Art des Denkens hat und Ihnen bewusster wird, dass SIE der Gestalter dieser Gefühle sind – Sie Einfluss und die volle Verantwortung für Ihr Erleben haben. Wahrscheinlich ärgern Sie sich zunächst trotzdem genauso sehr wie vorher auch, aber Sie haben die Möglichkeit, diesen Ärger anders zu bewerten. Und DADURCH verändern Sie das Erleben – es wird leichter und die Lebensqualität steigt. Oder glauben Sie wirklich, dass Sie Ihren Chef, Ihren Partner oder wen auch immer so verändern können, dass es genau für Sie passend ist? Das wird Ihnen kaum gelingen. Wenn Sie sich aber selbst verändern, wird es Auswirkungen auf Ihr Umfeld haben – vor allem aber auf Sie selbst. Wenn Ihnen bewusst wird, „wo Ihre Macht ist" und „wie Sie sich machen", beginnen Sie eine neue, andere Art des Denkens und eine andere Art des Seins. Es wird zunehmend schwieriger, sich dann das Leben richtig schwer zu machen – dafür leben Sie freier, zufriedener und mit mehr Energie!" Nach diesen Worten bedankt sich der Moderator bei seinem Gast. Erwähnt noch dessen neuestes Buch und geht zum nächsten Thema über.

Adam schnappt sich die Fernbedienung und beginnt das Zap-Spiel. „So, mein Schatz, wer hat jetzt die Macht?", posaunt er gut gelaunt. Eva ist sichtlich abwesend, ihr Fuzzy voll anwesend. *„Und wenn das jetzt tatsächlich eine Chance auf Zufriedenheit ist? Willst du die wirklich vorbeiziehen lassen?"* „Ich glaube, das Buch hole ich mir." Eva notiert sich den Buchtitel auf der Fernsehzeitschrift. „Im Ernst?" Adam Morgenfroh ist sichtlich verblüfft. Er fand die EinsichT-Sprache ein wenig albern. Obschon die Sache irgendwie interessant klang. Drei Tage später hält Eva das Buch in der Hand. Ein Satz aus dem Interview fällt ihr bereits beim ersten Blättern ins Auge: „Ich mache mich". Sie überlegt kurz und grinst. ICH mache mich neugierig, denkt sie. Und beginnt zu lesen …

KAPITEL 5

Meeting

Nehmen wir einmal an, Herrn Morgenfrohs Wecker hätte heute ordnungsgemäß geklingelt. Seine Laune wäre dementsprechend gut (jedenfalls nicht schlechter als sonst). Er würde zur Arbeit gehen – wie immer. Auch Fuzzy wäre an seiner Seite. Wie immer. Eben alles wie immer ...

Souverän rauscht Herr Morgenfroh in seine Parklücke. Jawohl, in SEINE Parklücke! Denn sein Name steht groß und deutlich auf dem Schild. Das gehört sich auch so, denn immerhin hat er Prokura. Und Rückenschmerzen hat er auch. Er sollte wirklich mehr Sport treiben. Wie jeden Morgen öffnet Herr Morgenfroh die Wagentür äußerst vorsichtig. Ein Hydrant macht das Aussteigen ein wenig beschwerlich. Es regnet. Hach, so ein Firmenparkplatz neben dem Eingang ist wirklich Gold wert!

Kai Blender, der Vertriebsleiter parkt übrigens auch gerade ein. Jedenfalls könnte man den Vorgang mit etwas gutem Willen so bezeichnen. Ein Wunder, dass bisher keiner dabei gestorben ist. Schwungvoll reißt er die Wagentür auf.

„Ja, DER hat ja auch keinen Hydranten vor der Nase!" Und schon freut sich Herr Morgenfroh nicht mehr ganz so sehr über seinen persönlichen Parkplatz. Auf Blenders Rücksitz entdeckt er bei einem raschen Seitenblick noch eine Sporttasche. Er runzelt

die Stirn. Stimmt – Blender spielt regelmäßig Tennis. Oder war es Squash? Wie dieser Kerl es nur schafft, sich dafür die Zeit freizuboxen.

Er nickt dem Mittvierziger missvergnügt zu. Dass Blender trotzdem bereits einen kleinen Bauchansatz hat, bereitet ihm eine gewisse Genugtuung. Herr Morgenfroh klemmt seinen Laptop unter den Arm und wirft die Wagentür zu. Dann eilt er zum Firmeneingang. Selbstverständlich ist es völlig unwichtig, ob Blender die Schwingtür zuerst erreicht. Andererseits kann man ja nicht einfach trödeln ... Herr Morgenfroh beschleunigt unauffällig sein Tempo. Wenige Meter vor Blender stößt er die Eingangstür auf und betritt das Gebäude. Das winzige triumphierende Gefühl in seiner Brust lässt ihn der Empfangsdame heute besonders freundlich zulächeln.

Und heute Abend wird er sich Zeit für eine Runde mit dem Rad nehmen. Seine Sekretärin, Frau Emsig, reicht Herrn Morgenfroh die Fachpresse und eine Tasse dampfenden Kaffee. Schwarz, so wie er ihn am liebsten mag. Rasch überfliegt er die neuesten Meldungen. Ein Artikel über neuartige Bus-Kommunikationstechnik erregt seine Aufmerksamkeit.

„Herr Morgenfroh, bitte denken Sie daran, dass Sie um zehn Herrn Müller einbestellt haben. Ach, und den Blumenstrauß habe ich auch schon in Ihr Büro gestellt." „Blumen?" Herr Morgenfroh zieht beide Augenbrauen ein wenig hoch. „Herr Müller erhält seine Kündigung! Was soll er da mit Blumen?" Frau Emsig schüttelt ungeduldig den Kopf. „Aber die sind doch für heute Abend! Für das Firmenjubiläum." Richtig. Das Firmenjubiläum. Das hat er völlig vergessen. Also wird es doch nichts heute Abend mit Fahrradfahren. Dann eben morgen. Das heißt, falls er nicht zu spät aus Hamburg zurückkommt. Er fährt den Rechner hoch und überfliegt rasch seine morgendlichen E-Mails. Es sind exakt 36 Stück. Du liebe Güte! Haben die Leute nichts Besseres zu tun, als wegen jeder Kleinigkeit zu schreiben? Nun ja, er wird sich später darum kümmern. Mit dem beruhigenden Gefühl, sich einen ersten Überblick verschafft zu haben, greift er nach den Meeting-Unterlagen und verlässt sein Büro.

In der dritten Etage sind bereits mehrere Kollegen versammelt. *„Du bist einer von ihnen! Also hoch mit der Maske!"* Herr Morgenfroh strafft die Schultern, zieht den Bauch ein und betritt mit federnden Schritten den Besprechungsraum. Er grüßt in die Runde und schüttelt Hände. Mit geübtem Blick erkennt er, dass an der linken Tischseite noch ein hervorragender Platz frei ist – Rücken zum Fenster, Blick zur Tür. Ausgezeichnet! Rasch belegt er den Stuhl mit seiner Tasche, die Tischfläche mit Block, Stift und Handy. Den Laptop legt er in die Mitte des Arrangements. Sein Revier ist damit ausreichend markiert. Zufrieden schlendert Morgenfroh zu seinen Kollegen zurück.

„Na, mein lieber Morgenfroh." Blender klopft ihm freundschaftlich auf die Schultern. Dabei waren sie nie Freunde und ganz bestimmt werden sie auch niemals welche werden. Beide wissen das, und beide lächeln strahlend. Ein Lächeln, das die Augen allerdings nicht erreicht. „Ich bewundere jedes Mal, wie Sie es schaffen, aus Ihrem Auto herauszukommen! Aber Ihr Wagen ist, glaube ich, auch ein wenig kleiner als meiner. Diesen verdammten Hydranten hätte ich vermutlich schon längst nachts heimlich abgesägt." Die Männerrunde lacht. Blender nimmt sich gut gelaunt eine Butterbrezel aus einem bereitstehenden Körbchen. Herr Morgenfroh lacht höflich mit, während sich seine Finger in seiner Hosentasche zur Faust ballen.

„Los! Zeig's dem Angeber!" Ja, bei meinem Parkplatz muss man tatsächlich ein wenig auf die Figur achten. Wie gut, dass Sie da so gar keine Rücksicht nehmen müssen. Touché! Allerdings fällt Morgenfroh diese Bemerkung leider erst zehn Minuten später ein.

Der Geschäftsführer betritt den Raum. Sofort suchen alle Anwesenden eifrig ihre Plätze auf. Bernd Kowalski, seit kurzem Leiter der Produktion, hastet in letzter Minute die Treppe herauf. Atemlos und mit zerknittertem Sakko lässt er sich auf dem einzigen noch freien Platz nieder – dem mit dem Rücken zur Tür. Er wirkt abgehetzt. Kein Wunder – er ist der Einzige ohne Firmenparkplatz in dieser Runde. „Verzeihung", murmelt er verlegen. Die Kollegen mit Parkplatz mustern den Neuling pikiert. Sein Haar ist zerzaust, auch die Krawatte sitzt schief. Du liebe Güte, denkt Herr Morgenfroh. Kowalski sieht aus, als hätte die ganze Nacht ein großer Hund auf ihm gesessen. Frau Dr. Vera Kleingeist-Lücke, Chefin der Marketingabteilung, wirft Kowalski einen abschätzigen Blick zu. Wie gewohnt ist sie perfekt gestylt. Ihr wacher, fast kühler Blick verrät Intelligenz und Selbstbewusstsein. Kowalskis zerknittertes Hemd und seine schiefsitzende Krawatte hinterlassen offenbar nicht den besten Eindruck bei ihr. Der Geschäftsführer eröffnet das Meeting mit allgemeinen Bekanntgaben. Herr Morgenfroh entspannt sich ein wenig und lässt die

Worte an sich vorüberplätschern. Danach präsentiert der Verkaufsleiter seine neuesten Zahlen und erntet damit wohlwollendes Kopfnicken.

Dass Blender für diesen Erfolg seine Mitarbeiter gnadenlos antreibt, interessiert niemanden wirklich. Auch soll es bei ihm nicht immer mit rechten Dingen zugehen. Das hat Herr Morgenfroh von Fräulein Emsig erfahren, die es wiederum von Blenders Sekretärin hat. Wie praktisch, wenn die Buschtrommeln funktionieren. Tja, immer nur Maximum – MAXIMUM –, koste es, was es wolle! So etwas kostet natürlich Kraft, Nerven und Gesundheit! Meier aus Blenders Abteilung ist schon seit vier Wochen krank und ein paar andere sind kurz davor. Warum nur fragt NIE jemand nach dem Optimum? Tja – Optimum ist eben nicht angesagt. Dabei wäre so ein Maximum an Optimum doch unglaublich effektiv. Ein OPTIMAX als neue Philosophie! Herr Morgenfroh stellt sich lebhaft vor, was für enormes Potenzial sie damit aus den Angeln heben könnten. Optimax.

Applaus. Allerdings nicht für Herrn Morgenfroh. Der Verkaufsleiter ist in seinem Element – zeigt die neuesten Leads und Opportunities, powert ein paar farbige Slides an die Wand und alle bekommen genau DAS zu sehen, was sie sehen WOLLEN – den Traum vom MAXIMUM zum möglichen Quartalsende! Die Runde trommelt tatkräftig und anerkennend mit den Fingerknöcheln auf die Tischplatte. Blender lässt sich souverän auf seinen Stuhl neben Herrn Morgenfroh nieder. *„Sag was Positives! Das gehört sich so unter Kollegen!"* „Sehr gut, Herr Blender." Herr Morgenfroh nickt ihm anerkennend zu. Gut, dass niemand seine

Gedanken lesen kann. Als Nächstes bemängelt die Geschäftsführung den Krankenstand, die zu hohen Personalkosten und die mangelnde Kommunikation zwischen den Abteilungen. Außerdem gibt es Schwierigkeiten mit einem langjährigen Kunden. Jetzt ist Herr Morgenfroh gefragt. Es ist SEINE Abteilung, die nun den schwarzen Peter in der Hand hält. Aber wie soll er mit Billigzulieferern aus China auch höchste Präzision gewährleisten? Er ist schließlich technischer Projektleiter und nicht der Weihnachtsmann!

„Das will hier keiner hören! Also reiß dich zusammen! Oder willst du, dass alle glauben, du wärst unfähig? Du bist hier im Löwenkäfig! Also SEI EIN LÖWE!" Unser Löwe bemüht sich entschlossen durch seine Körpersprache Kompetenz und Willensstärke auszudrücken. Das gelingt ihm erfreulich gut. Sollte es auch – immerhin war das dreitägige Leadership-Seminar letztes Jahr teuer genug. Trotzdem zerrt die Diskussion an seinen Nerven. Die Besprechung zieht sich in die Länge. Die ersten Teilnehmer werden unruhig. Endlich ist das Thema zur Genüge besprochen, eine praktikable Lösung gefunden. Erleichtert klopfen alle obligatorisch mit den Knöcheln auf die Tischplatte.

Nun hat Kowalski das Wort. Sein Vorschlag für ein neues, mitarbeiterfreundliches Schichtmodell ist gut. Ein eloquenter Redner hätte seine Zuhörer sicher davon überzeugt. Doch Kowalski ist nicht eloquent. Er ist nur ehrlich. Die Aufmerksamkeit am Tisch sinkt. Füße scharren, Wasserflaschen werden geöffnet, Handy-Meldungen überflogen. Der Geschäftsführer blickt auf seine Armbanduhr. Herr Morgenfroh kennt diese Anzeichen. Der Chef wird die Diskussion jeden

Moment beenden. „Mein lieber Kowalski", meint der Geschäftsführer souverän, „ich bin sicher, Sie wollen das Beste für diese Firma. Aber mit den bisherigen Schichtmodellen sind wir doch ganz gut gefahren. Lassen Sie uns in ein paar Monaten noch einmal darüber reden." Kowalski wirft einen ärgerlichen Blick in die Runde. Morgenfroh überlegt rasch. Er könnte Kowalski durchaus unterstützen – dessen Vorschlag ist wirklich nicht schlecht.

„BIST DU VERRÜCKT? Dein unzufriedener Kunde hat dein Ansehen für heute schon genug angekratzt!" Stimmt. Jetzt gegen den Strom schwimmen wäre zu riskant. Herr Morgenfroh weicht Kowalskis Blicken geflissentlich aus. „Dann wäre ja alles besprochen." Der Geschäftsführer erhebt sich und nickt kurz in die Runde. „Meine Herren …" Auf dem Weg zur Tür spricht der Geschäftsführer ihn an: „Ach und wir beide sehen uns ja heute Abend auf der Jubiläumsfeier, Morgenfroh." Herr Morgenfroh nickt und spürt für einen kurzen, angenehmen Moment die neidvollen Blicke der übrigen Anwesenden im Rücken. *„Na siehst du. Der Fauxpas mit dem wichtigen Kunden ist damit ausgemerzt."*

Frau Dr. Vera Kleingeist-Lücke beugt sich zu Herrn Morgenfroh herüber. „Völlig überfordert, dieser Kowalski, wenn Sie mich fragen. Diese Polen können zwar hart arbeiten, aber in Führungspositionen …? Ich bitte Sie! Schon dieser Anzug – er sieht darin aus, als hätte er auf einer Parkbank übernachtet! Vielleicht hat er ja ein Alkoholproblem." Durchaus möglich, denkt Herr Morgenfroh. Man kennt die Leute schließlich nicht genau. Und manche gehören eben einfach nicht in die

Führungsebene. Frühstückspause! Auf dem Flur geht es zu wie im Taubenschlag. Alle drängen nach draußen oder in die Cafeteria. Herr Morgenfroh bahnt sich einen Weg zum Waschraum. Er kommt an Kowalski vorbei. Der steht im Flur an einem der Fenster und starrt hinaus. „He, Kowalski", ruft einer der Arbeiter. „Hab gehört, du bist heute Nacht Vater geworden! Gratuliere! Junge oder Mädchen?" Kowalski dreht sich müde um und lächelt. „Beides. Meine Frau hat Zwillinge bekommen. War ziemlich chaotisch. Ich bin nicht einmal mehr nach Hause gekommen, um mich umzuziehen." Müde lächelnd schüttelt er ölverschmierte Hände und lässt sich anerkennend auf die Schultern klopfen. Herr Morgenfroh betritt hastig die Herrentoilette. Beschämt denkt er an sein Gespräch mit Frau Dr. Kleingeist-Lücke. Parkbank! Tja, so kann man sich irren.

Herr Morgenfroh starrt in den Spiegel. Der Typ, der ihm entgegenblickt, sieht elegant aus. Ein bisschen blass vielleicht – kein Wunder, er kommt ja kaum noch an die frische Luft. Trotzdem wirkt er dynamisch und erfolgreich. Ich habe es weit gebracht, denkt Herr Morgenfroh. Der Typ im Spiegel starrt ihn spöttisch an. *„Ganz schön anstrengend, den ganzen Tag so dynamisch zu wirken, nicht wahr?"* Morgenfroh runzelt ärgerlich die Stirn. „Was heißt hier anstrengend? Für seine Karriere muss man sich eben ein bisschen ins Zeug legen!" *„Ja klar. Diesem Blender applaudieren, zum Beispiel, obwohl du ihn für ein Rindvieh hältst."* Herr Morgenfroh schnappt ärgerlich nach Luft „Man kann eben nicht jedem ins Gesicht sagen, was man denkt!" *„Ach, kann man das nicht?"* Herrn Morgenfroh scheint es fast, als würde sein Spiegelbild spöttisch eine Augenbrauen heben. Ungeduldig hält er seine Hände unter den kühlen Wasserstrahl. „Nein, kann man nicht! Es sei denn, man will seinen Job loswerden." *„Verstehe, du hängst an diesem Job also mehr als an deiner persönlichen Meinung."* Herr Morgenfroh stutzt und nimmt reichlich Seife. „So ein Unsinn! Ich sage durchaus meine Meinung, aber eben nur DANN, wenn es der Sache dient." *„Aha, also immer dann, wenn du einen Vorteil davon hast."* Herr Morgenfroh reißt ungehalten ein paar Papiertücher aus dem Spender. Allmählich macht ihn der Kerl im Spiegel wütend. „Es ist meine Aufgabe, mit den anderen Führungskräften zusammenzuarbeiten. Ich kann nicht jedem auf die Füße treten, der mir nicht in den Kram passt." *„Völlig richtig! Aber wenn Schwächere leiden, DANN würdest du auf jeden Fall eingreifen, hab ich Recht?"*

Herr Morgenfroh überprüft schweigend den Sitz seiner Krawatte. „Ich bekomme gutes Geld für meinen Job", entgegnet er fest. „Ich kann meiner Familie etwas bieten!" *„Oh, darüber freuen sie sich sicher! Bekommen sie dich eigentlich auch manchmal zu Gesicht oder müssen sie sich telefonisch dafür bedanken?"* Herr Morgenfroh schnappt empört nach Luft. „Meine Kinder können sich wunderbar entfalten! Etwas aus ihren Talenten machen! Und das alles, weil ICH das nötige Kleingeld verdiene. Leonie geht reiten und Paul wird mal ein richtiges As im Tennis. Sogar einen Hund haben wir – das ist gut für ihre Entwicklung." *„Ja, ja"*, trällert das Spiegelbild, *„lieber einen Hund als gar keinen Vater."* „Das ist doch …! MEINE – FAMILIE – IST – GLÜCKLICH!", braust Morgenfroh auf. „Wir haben ein schönes Haus, eine großen Garten und meine Frau arbeitet halbtags in ihrem alten Beruf, weil sie sich das gewünscht hat …" *"Wow, das klingt gut. Zwei Grundschulkinder, ein Hund, ein verschuldetes Haus, zwei Autos, einen Garten und einen Halbtagsjob … deine Frau scheint ja ein erfülltes Leben zu führen. Sicher ist sie äußerst zufrieden."*

Herr Morgenfroh stutzt. „Sie hat alles hervorragend im Griff." *„Muss sie wohl auch, du bist schließlich so gut wie nie da. Sag mal, hast du sie eigentlich jemals gefragt, was sie davon hält?"* „Was soll sie denn davon halten?", faucht Herr Morgenfroh. „SIE ist glücklich, ICH bin glücklich …" *„Beruhige dich. Selbstverständlich bist du glücklich! Du stehst jeden Morgen um sechs auf, um auf deinem persönlichen Parkplatz zu parken. Danach liest du 36 E-Mails, die du eigentlich gar nicht lesen willst. Den Rest des Tages bist du damit beschäftigt, dynamisch zu sein und applaudierst je nach Bedarf Rindviechern und geistig Radikalen."* „Frau Dr. Kleingeist-Lücke ist nicht geistig radikal!" *„Aha, aber du hast sofort gewusst, wen ich meine …"* Herr Morgenfroh übergeht diese Bemerkung. „Frau Dr. Kleingeist hat ein ungeheures Fachwissen. Sie ist kompetent, eloquent …" *„Ja, reden kann sie. Aber manchmal ist Schweigen wahrhaftig Gold."* Herr Morgenfroh wirft einen Blick in den Spiegel. „Ich habe ein gutes Leben." Fast klingt dieser Satz ein wenig trotzig. *„Ja vermutlich. Zumindest redest du dir das oft ein. Bist du auch wirklich überzeugt davon?"* Herr Morgenfroh will etwas darauf entgegnen, doch er schweigt. Nachdenklich verlässt er den Waschraum.

KAPITEL 6

Ein freier Tag

Früh am Morgen verlässt Herr Morgenfroh das Haus. Heute bringt ER die Kinder zur Schule – denn seine Frau hat dienstags immer ihren freien Tag. Genauer gesagt, ihren HALBEN freien Tag. Den braucht sie auch, denn da kann sie endlich einmal tief durchatmen. Der Vormittag gehört ihr ganz allein. Tolle Sache! Fenster putzen, Unkraut jäten, Behördengänge, Schubladen ausmisten, Zahnarzttermin – die Auswahl für ein spannendes Programm ist riesengroß. Ja, so ein freier Tag ist wirklich Gold wert …

Aber erst einmal trinkt sie gemütlich eine Tasse Kaffee – auf die freut sie sich schon den ganzen Morgen. Endlich sind alle aus dem Haus und sie kann in Ruhe die Zeitung lesen. Wie schön. Nebenbei plant sie auch gleich die nächten Stunden, damit die Zeit der Ruhe gut genutzt ist. Manche Sätze der Zeitungsberichte muss sie deshalb zweimal lesen … und hoppla, die Tasse ist auch schon leer. Schade – sie hat ganz vergessen sie zu genießen. Egal, nimmt sie sich eben noch eine. Die muss sie jetzt aber zügig trinken, denn eine zweite Tasse ist eigentlich nicht im Zeitbudget eingeplant. So, jetzt aber! Ärmel hoch, Treppe hoch, flugs die Betten überzogen und das Bad geputzt. Danach geht es zum Einkaufen. Dafür muss sie heute allerdings ans andere Ende der Stadt fahren, denn sie hat sich fürs Dessert etwas Besonderes ausgedacht –

ein raffinierter Vanilletraum mit Tonkabohnen. Die Bohnen gibt es nun mal nicht überall. *"Macht ja nichts. Du hast ja genügend Zeit – schließlich ist es dein freier Tag."*

Wenn sie heimkommt, wird sie später noch ein Stündchen die Füße hochlegen und das neue Buch lesen, das sie seit einem halben Jahr besitzt. Sie ist bereits auf Seite zwölf. Vermutlich wird sie allerdings nochmal von vorne beginnen müssen, weil sie nicht mehr ganz sicher ist, ob Hans jetzt mit Gerda ein Techtelmechtel hat – oder Frieda mit Bernd, während Hans ein freiwilliges Jahr bei der Heilsarmee absolviert. Oder war es im Kaukasus? Seufz, aber so ist das nun mal, wenn man nicht am Ball bleibt ... dafür hat man länger am Buch. Auch schön. Den Morgen hat Frau Morgenfroh jedenfalls gut durchkalkuliert. Wenn nur das Telefon nicht wäre. Und die Türklingel ...

Pauls Lehrerin ruft an. Ob Frau Morgenfroh nächsten Dienstag nicht in der Schule mithelfen könne – am „Tag der Mathematik", raunt sie geheimnisvoll. Der kleine Paul habe erwähnt, dass sie dienstags immer ihren freien Tag habe. Bloß nicht, denkt Frau Morgenfroh. *„HALLO? Das ist die Lehrerin deines Sohnes! Da kannst du doch nicht einfach nein sagen. Was soll sie denn von dir denken?"* Frau Morgenfroh seufzt innerlich. *„Und auch Paul wäre sicher furchtbar enttäuscht. Du hast eh' viel zu selten Zeit für solche Aktionen. Die anderen Mütter machen sogar Dienst in der Schulbücherei ... oder schneiden Apfelkronen am Obsttag!"* Stimmt. Am Obsttag hat Frau Morgenfroh noch nie auch nur eine einzige Mandarine geschält. Sie kommt also um eine Zusage gar nicht herum. Dabei hatte sie nächsten Dienstag eigentlich vor, ein Kleid für Gittas Hochzeit zu kaufen ... *„Na, das musst du dann eben auf übernächsten Dienstag verschieben!"* Und dafür den Friseurtermin sausen lassen? *„Na und? Als Mutter muss man eben Opfer bringen. Aber sieh es doch positiv – du pflegst mit einer Zusage immerhin die Eltern-Lehrer-Beziehung."* Ja, schon, denkt Frau Morgenfroh, und sucht heimlich nach einer plausiblen Ausrede. „Ich könnte mir sehr gut vorstellen", schlägt Pauls Lehrerin vor, „dass Sie den Detektiv-Tisch übernehmen. Dort arbeiten die Viertklässler an kniffeligen Knobelaufgaben." *„Siehst du! Sie hält dich für kompetent. An so einen Detektivtisch kann man schließlich nicht jeden setzen!"* Frau Morgenfroh fühlt sich geschmeichelt und sagt zu. „Prima!" Und ärgert sich auch sofort darüber. *„He, bleib locker – es wird schließlich noch viele Dienstage geben."* Oder auch nicht – wer weiß das schließlich immer so genau.

Auch Herr Morgenfroh hat gerade Zeit zum Telefonieren. Gut, dass er seine Frau auf Anhieb erreicht. Er erinnert sie daran, einen Termin für den Wechsel der Winterreifen zu vereinbaren. Außerdem hat er von einem hübschen Ausflugsziel in der Zeitung gelesen. Frau Morgenfroh könne ja ein wenig recherchieren, Öffnungszeiten, Preise und so weiter ... sie hat ja Zeit heute. Schließlich ist es ihr ... richtig ... ihr freier Tag. Frau Morgenfroh legt auf und notiert gewissenhaft die Eckdaten zum Telefonat, dabei lässt sie ihren Blick über den Tisch schweifen. Hoppla, liegen da nicht die Fotos vom letzten Urlaub? Süß, wie Leonie da lacht. War das nicht schön? *„Ja, aber der Kellner war unverschämt!"*

Richtig! Jetzt fällt es Frau Morgenfroh wieder ein. Noch ärgert sie sich über ihn, wenn sie daran zurückdenkt. Der Kellner erinnerte sie zudem stark an einen

Kollegen. Über den ärgert sie sich auch andauernd. Erst letzte Woche hat er ... der Kreislauf der spannenden Gedanken nimmt seinen Lauf. Wirklich klasse, so ein freier Tag. Jetzt aber hurtig! Frau Morgenfroh ist im Zeitplan reichlich hinterher. Dass auch noch der Tank leer ist, macht einen Umweg bei der Einkaufstour notwendig. Doch irgendwann ist es dann doch soweit. Sie betritt das Gewürzlädchen am anderen Ende der Stadt. Normalerweise liebt sie es, dort die vielen, spannenden Düfte einzuatmen ... Neues zu entdecken. Heute allerdings denkt sie an Winterreifen. *„Glaubst du, dass die Werkstatt jetzt noch offen hat?"* Ich werde gleich anrufen, wenn ich nach Hause komme. *„Ja, und vergiss nicht, wegen des Wochenendausflugs zu recherchieren! Abends erreicht man bei den Veranstaltern immer so schlecht jemanden."*

Richtig. Wie hieß der Kletterpark nochmal? Gut, dass sie ihr Smartphone hat - schnell gegoogelt und schon ist sie informiert. Aha, da gibt es sogar eine Seite mit Sonderveranstaltungen! Ein Vater-Sohn-Event! Na DAS wäre doch mal was für ihre beiden Männer! Oh, hoppla – sie ist ja schon an der Kasse. Und dieses Mal hat es irgendwie im Laden gar nicht geduftet. Schade. Um es gleich vorweg zu nehmen: Das Buch zu Hause wird vorerst ungelesen bleiben. Dafür hat Frau Morgenfroh die Öffnungszeiten für den Kletterpark herausgefunden, den Flyer augedruckt und über das Vater-Sohn-Event recherchiert. Aßerdem hat sie einen Termin für den Winterreifenwechsel. Bravo, Frau Morgenfroh! Für das Dessert wird die Zeit dann leider auch ein wenig knapp. Sie wird es daher erst am Sonntag zubereiten. Die Tonkabohnen hat sie ja jetzt im Haus.

Rasch geht Frau Morgenfroh noch eine Runde mit Hund Bruno in den Park. Er bringt Stöckchen, die sie pflichtbewusst wirft. In Gedanken ist sie allerdings schon beim Wochenende. Soll sie das Dessert mit Waldmeistersoße servieren? Adam liebt Waldmeistergeschmack. Und wann soll sie es überhaupt servieren? Sonntag ist ja bereits der Ausflug geplant. Dann vielleicht doch lieber schon am Samstag? Hm, da wollte sie eigentlich die Sommerblumen einpflanzen ... Sie liebt Blumen! Dabei übersieht sie völlig, dass sie gerade durch jede Menge Margeriten und Gänseblümchen hindurchspaziert.

Bruno schnüffelt im Gras. Gespannt beobachtet er ein neugieriges Eichhörnchen. Frau Morgenfroh sieht es leider nicht. Schade, findet Bruno – gemeinsam Eichhörnchen verjagen würde viel mehr Spaß machen.

Das Handy klingelt. Mal wieder. Frau Morgenfroh fühlt sich reichlich erschöpft. DAS also ist ihr freier Tag? Sie starrt frustriert auf das Display. Es ist nochmal die Werkstatt. Oh nein. Ich mag nicht. Ich bin müde. Ich bin erschöpft! Wie mache ich mich? Diese Frage ist plötzlich einfach so da. Na so was? Verwundert hält Frau Morgenfroh inne. Fühlt es ganz stark: Gestresst mache ich mich. Ich mache mich total gestresst! Aber WIE möchte ich mich machen? Frau Morgenfroh lauscht in sich hinein. Dann spürt sie, wie die Erschöpfung sich breit macht und es laut in ihr schreit: Ich will jetzt bis zum Mittag von KEINEM mehr etwas hören! Von KEINEM EINZIGEN mehr gestört werden!! Sie atmet heftig aus ... tief durch. Ihr Gesicht spiegelt sich schwach im Display, als sie entschlossen das Handy ausstellt.

„Super Idee!", feuert Fuzzy spöttisch dazwischen. *„DIE ANDEREN werden ganz sicher Rücksicht auf dich nehmen ... so wie immer."* Frau Morgenfroh stutzt. Die anderen? Hm ... eigentlich ... EIGENTLICH ist ihr völlig egal, wie sich die anderen nun verhalten! Sollen sie sich doch ärgern, sich hinterher beklagen – SIE jedenfalls will sich jetzt nicht mehr länger stören lassen! Die Sonne scheint warm auf ihren Rücken. Der Hund stupst ihre Hand. Genau, mach dich! Frau Morgenfroh lächelt. JA, ich mache mich. Dies ist IHR freier Vormittag! Jede einzelne Sekunde gehört nun ihr alleine. Sie genießt die Wärme auf der Haut, zieht den Duft der Blumen tief in die Nase ein. Dieser Moment kommt ihr realer und wertvoller vor als alles, was sie heute erlebt hat. JETZT ist sie wirklich HIER! *„Ach tatsächlich? Ist das sicher?"* Noch muss sie sich ein wenig konzentrieren ... *„Also ich finde, du solltest dein Telefon wieder einschalten."* ... damit ihr der Moment nicht entgleitet ... *„Hallo! Hört mir eigentlich einer zu ...?"* ... aber sie kommt mehr und mehr an ... *„Mist!"* ... kommt mehr und mehr an ...

In dieser wunderbaren Stimmung betritt Frau Morgenfroh ihr Heim, schließt die Tür, schlendert ins Wohnzimmer, genießt die Ruhe. Auf dem Tisch liegt der Roman, auf dem sie bereits auf Seite zwölf ist. Wie schön, jetzt kommt sie doch noch zum Lesen. Frau Morgenfroh nimmt sich ein Glas kühlen Saft, streift die Schuhe von den Füßen, greift nach dem Bin-auf-Seitezwölf-Buch und ... AARRGHH ... verflixt ... es klingelt! Ziemlich penetrant sogar. Eigentlich eine Unverschämtheit, denkt Frau Morgenfroh. Entschieden setzt sie sich auf die Couch und versucht das energische Klingeln zu überhören. *„Und wenn es etwas Wichtiges* *ist?"* Frau Morgenfrohs Herz rast. Und Überhören geht schon gar nicht – schließlich hat sie zwei gesunde Ohren. Gefangen im Hamsterrad des alten Trotts eilt sie mit schlechtem Gewissen zur Tür …

„Hallo, Liebes!" Oma Herta rauscht schwungvoll an ihr vorbei in den Flur herein. „Wie schön, dass du da bist." Sie tätschelt ihrer Schwiegertochter liebevoll die Wange, marschiert ins Wohnzimmer und stellt resolut ihre Tasche auf den Esstisch. „Ich war gerade in der Nähe – und da dachte ich mir, schau mal schnell bei der Eva vorbei! Weißt du, ich habe dummerweise meinen Bus verpasst und der nächste fährt erst in einer halben Stunde. Ich könnte sogar den übernächsten nehmen und dir vorher noch ein bisschen zur Hand gehen." „D… das ist wirklich lieb von dir, Herta. Aber echt nicht nöt…" „Papperlapapp, Kind! Du darfst meine Hilfe ruhig annehmen. Ich weiß ja, dass du dich an deinem freien Tag immer ein bisschen übernimmst." Sie schaut sich um und entdeckt prompt den übervollen Korb mit Bügelwäsche. „So, jetzt trink ich noch ein Schlückchen Tee und dann plätte ich dir ein paar Hemden." Bruno wedelt begeistert. Frau Morgenfroh kann seine Freude nicht so recht teilen. Sie beißt sich auf die Lippen. Auf dem Tisch liegt immer noch das ausgeschaltete Handy, das sie beim Hereinkommen achtlos dorthin gelegt hat. Da kann ihr keiner mehr zwischenfunken. Aber ein Handy ist keine Oma Herta – und Frau Morgenfroh ist kein Wunderkind. Noch braucht sie Zeit, die eigenen Grenzen neu zu entdecken. Noch fühlt sie sich ohnmächtig – scheinbar ohne Macht. Noch wird sie eine Weile auf Seite 12 bleiben. Noch. Aber das kann sich ändern, denn … alles ist MACHbar …

KAPITEL 7

Kleider machen Leute

Die Morgenfrohs auf Einkaufstour. Sie haben jedoch keinen Blick für Sonderangebote und Wühltische, denn diese Zeiten sind vorbei. Man will schließlich nicht einfach nackte Haut vor Kälte schützen, sondern mit dem Outfit zeigen, wer man ist. Und was man sich mittlerweile so alles leisten kann, findet man natürlich nicht überall. Denn die Morgenfrohs sind auf der Suche nach Wertigkeit, Hochwertigkeit ... nach Höherem also. Und sie sind überzeugt davon, dass man so etwas nun mal nicht in Jedermannskaufhäusern entdeckt – dort, wo die Kowalskis dieser Welt sich einkleiden.

Aber Moment mal ... auf seinem eiligen Weg zu Höherem streift Morgenfrohs Blick ein pfiffiges Paar schwarzer Schnürschuhe, im Schaufenster eines Schuh-Discounters. Knallrote Sohle, knallrote Ferse und knallrote Schnürsenkel. Selbst die Nähte sind signalrot. Wirklich gewagt! Und WOW ... für einen kurzen, wahnwitzigen Moment hat Herr Morgenfroh das verrückte Gefühl, dass diese Schuhe wie für ihn gemacht sind ...

„He! Bist du verrückt geworden? Die Dinger kannst du doch nie im Leben irgendwo tragen! Was sollen denn die Leute denken?" Der Moment der Schwäche ist vorüber. Herr Morgenfroh eilt weiter. Schließlich ist er keine Rotznase mehr. Ja, als Fünfjähriger – da wollte er einmal

unbedingt pinkfarbene Gummistiefel mit Glitzerabsätzen haben. Aber seine Mutter war vernünftig genug gewesen, ihn davon abzuhalten. Himmel war das damals ein Theater gewesen! Nun ja, aus dem Vorschulkind von einst ist längst ein erfolgreicher Manager mit Vorbildfunktion geworden und aus seiner von Herzen kommenden Entscheidung eine Imagefrage ...

„Der Anzug steht Ihnen ganz ausgezeichnet!" Der lächelnde Verkäufer im eleganten Herrenausstattungsgeschäft ist hochzufrieden. Mit sich, mit der Welt, mit dem edlen Zweiteiler und dem vielversprechenden Kunden sowieso. Denn der wird nicht nur mit einem neuen Anzug aus knitterfreier Edelwolle nach Hause gehen, sondern auch mit allerlei Zubehör – das ist gewiss. Der Verkaufsprofi kennt schließlich die Bedürfnisse seiner Kundschaft. Herr Morgenfroh betrachtet sich im raumhohen Spiegel. Der Anzug wirkt edel – ohne Zweifel. „Aber die Farbe ist reichlich ungewöhnlich. Ob das nicht ZU auffällig wird?"

So richtig wohl fühlt sich Herr Morgenfroh noch nicht. Aber man erkennt natürlich sofort, dass der Anzug etwas Besonderes ist. Er ertappt sich dabei, wie er heimlich nach dem Markenzeichen der Edelmarke schielt – ganz wie früher nach dem Plastik-Palomino-Pferdchen. Ah, da ist er ja - ein mit lässigem Schriftzug versehener Ärmelknopf, der beim Telefonieren stets hervorragend zu erkennen ist. Diskret selbstverständlich. Eleganz ist immer diskret.

Dienstbeflissen zupft der Verkäufer am Ärmelsaum des Prunkstücks. „Ein äußerst hochwertiges Material. Sie werden überrascht sein, wie schnell sich dieses Garn nach langem Sitzen erholt." Fast väterlich betrachtet er sein Lieblingsstück. „Außerdem kann dieses taillierte Jackett nicht jeder tragen." *„Blender zum Beispiel. Mit seinem Bauchansatz."* Ein toller Anzug, findet Herr Morgenfroh. „Du siehst wirklich umwerfend darin aus, Liebling!" Frau Morgenfroh ist begeistert. Ihre Hand streift über die straffsitzende Schulterpartie. *„Na bitte – wenn sogar Eva das sagt. DIE hat schließlich einen Blick für Stil."* Herr Morgenfroh nickt entschlossen „Ja, den nehme ich. Der ist mal etwas anderes."

Das ist wirklich wahr. Er ist sogar derart anders, dass Herr Morgenfroh zu Hause kein einziges kombinierbares Hemd dazu im Schrank hat. Wie gut, dass der Verkäufer das bereits ahnt. Und wie weitsichtig, dass der Hersteller gleich drei passende offeriert! Herrn Morgenfroh zieht sich damit in die ästhetische Umkleidekabine zurück. Der Verkaufsprofi plaudert derweil mit Eva gleichberechtigt über die aktuellen Frühjahrstrends und zeigt ihr die neuesten Krawatten. *„Er merkt eben, dass er jemanden mit Stil vor sich hat."* Eva fühlt sich geschmeichelt. „Ja, zeigen Sie meinem Mann ruhig diese beiden Krawatten." Sie nickt wohlwollend. „Und diese tolle Lederjacke auch." *„Sehr gut! Regle das! Adam ist in modischen Fragen sowieso viel zu zögerlich!"* Stimmt. Früher hat Herr Morgenfroh getragen, wonach ihm der Sinn stand. Seit er in die Chefetage aufgestiegen ist, hört er endlich ganz auf Evas Rat. Wie schön. Aber schön für wen eigentlich? Herr Morgenfroh schlüpft in das erste der drei Hemden. Das gute Stück fühlt sich auf der Haut an wie ein zartes Lamm – dazu der pfiffige Schnitt und der sportliche Kragen. Herr Morgenfroh ist von seinem Spiegelbild beeindruckt. Ja, das hat schon was! Mit diesem Hemd wird er einen hervorragenden Eindruck machen. Diskret wie gesagt ... aber dennoch. Er wirft einen Blick auf das Preisschild – alte Gewohnheit, so etwas lässt sich nur schwer ablegen. Wow! Die nehmen es wirklich von den Lebendigen. *"Für diesen Betrag hast du vor zehn Jahren noch Urlaub auf Sardinien gemacht!"*

Herr Morgenfroh runzelt die Stirn. Jede Wette, er glaubt, damals sei alles viel entspannter gewesen. Damals war alles viel entspannter, findet Herr Morgenfroh. Früher war es doch völlig egal, ob ich im Markenhemd ins Büro kam oder in Slipper vom Schuh Discounter. *"Sekunde mal – WEM war das egal?"* Wie bitte? Herr Morgenfroh starrt verwundert sein Gegenüber im Spiegel an. *"WEM war es egal, mit welcher Kleidung du zur Arbeit kamst?"* Ähm. Na mir ... *"Aha. Und warum ist es dir plötzlich NICHT mehr egal?"* Es geht dabei doch gar nicht um mich! *"Ach nein? Das ist aber schade."*

Herr Morgenfroh blinzelt irritiert. Von jemandem in meiner Position wird eben ein gewisses Äußeres erwartet! *"Ach so! Du trägst diesen Anzug also gar nicht für DICH. Du trägst ihn für ANDERE!"* Natürlich nicht! ... Jedenfalls nicht nur. Aber man muss sich in der Geschäftswelt eben ein bisschen anpassen. *"Aha. Und warum?"* Herr Morgenfroh wird ungeduldig. Na damit man mitmischen kann ... dazugehört ... Erfolg hat eben. So läuft das nun mal im Berufsleben. *"Verstehe. In der Geschäftswelt haben nur angepasste Personen Erfolg. Solche, die nicht auffallen. Die in der Masse keiner mehr wahrnimmt."*

Herr Morgenfroh schweigt verdutzt. Frau Morgenfroh steckt fröhlich den Kopf zum Vorhangspalt herein. „Na, Liebling, wie sitzt das Hemd?" „… Ähm, ausgezeichnet." Herr Morgenfroh schüttelt die aufmüpfigen Gedanken ab und flüstert: „Aber der Preis ist reichlich unverschämt." Er hält seiner Frau das bedruckte Schildchen unter die Nase. „Ja sicher …", Eva zupft lächelnd seinen Kragen zurecht und blinzelt ihm zu, „aber dafür hast du auch ein echtes Chef-Etagen-Outfit. Du, sei so lieb und probiere doch bitte auch die beiden anderen Hemden." Und schon fällt der Vorhang wieder.

Allerdings nicht für Herrn Morgenfroh. Sie hat Recht, denkt er entschlossen. Blender kauft hier schließlich auch. Ein echter Aufsteiger, dieser Blender. Modisch, sportlich, erfolgreich! Auf diese Bühne will er auch. Tja, Exklusivität hat eben ihren Preis. *„Wohl wahr. Wer exklusiv sein will, bezahlt immer einen Preis."* Herr Morgenfroh ignoriert diese Bemerkung. Puh ist das warm! Ein luftiges Kurzarmhemd wäre ihm jetzt deutlich lieber. *„Dann nimm doch eins!"* „Unsinn!" Herr Morgenfroh zieht die Stirn kraus. „Zu einem Anzug trägt man Langarm. Das ist schließlich ungeschriebenes Gesetz." *„Ach ja? Wer hat sich dieses Gesetz denn ausgedacht?"* „Was weiß ich! Irgendwer eben." Herr Morgenfroh kämpft mit den Ärmelknöpfen. *„Offenbar ein kluger Mensch, immerhin gehört er zur Legislative. Sag mal, war ER es auch, der festgelegt hat, dass du zu Hause T-Shirts und beim Grillen einen Strohhut trägst?"* „Was soll die dämliche Frage? So etwas entscheidet doch jeder selbst! Und zu Hause kommt es sowieso nicht darauf an." *„AAhh – JETZT begreife ich! Dort, wo es egal ist, entscheidest DU, und wo es drauf ankommt, entscheiden DIE ANDEREN! Hm … so richtig viel Macht scheinst du ja* *nicht gerade über dein Leben zu haben."* „Adam?" Der Vorhang öffnet sich erneut. Eva hält ihrem Gatten mit süßem Lächeln drei Binder und ein Einstecktuch entgegen. „Probierst du das bitte auch noch? Zu Hause hast du mit Sicherheit keine einzige passende Krawatte im Schrank." Und schon wieder ist sie verschwunden. *„Wow! Eine echte Endlos-Spirale."* „Wie bitte?" *„Neues Hemd zum Anzug, neue Krawatte zum Hemd. Was kommt als Nächstes? Neuer Schrank zur Krawatte? Sag mal, wie viele Krawatten hast du eigentlich?"* „Zwanzig", knurrt Herr Morgenfroh ungehalten. „Oder dreißig. Himmel, ich weiß es nicht genau!" *„Ja, dann nimm diese ruhig auch noch. Sie kostet schließlich nur einen halben Kühlschrank ..."* Herr Morgenfroh dreht dem Spiegel ärgerlich den Rücken zu. Insgeheim beschäftigt ihn die Frage nach der Macht mehr als er zugeben will. *„Darf ich noch etwas anmerken?"* „Nein", schnappt Herr Morgenfroh ärgerlich. *„Es ist wirklich nur eine klitzekleine ..."* „NEIN!!" Zähneknirschend tritt Herr Morgenfroh aus der Kabine.

Zehn Minuten später ist er stolzer Besitzer von vier Papiertüten mit händeschonenden Tragegriffen. Darin sorgsam in Seidenpapier gehüllt: Ein ungewöhnlicher Anzug, zwei ungewöhnliche Krawatten, drei dazu passende Hemden, ein Einstecktuch mit handgerollten Kanten und eine trendige Lederjacke für den perfekten Frühjahrslook. Manchmal passiert es allerdings, dass Besitzer von nagelneuen Hemden, deren Stoff auf der Haut schmeichelt wie ein zartes Lammfell, sich an der Kasse leider fühlen wie ein frisch geschorenes Schaf. Schwungvoll hält der Verkäufer seinen Schafen ... äh Kunden zum Abschied die satinierte Eingangstür auf. So richtig zufrieden ist Herr Morgenfroh nicht.

Irgendwie ja auch verständlich. Schließlich wollte er nur einen gut sitzenden Anzug erwerben, und nun hat er den halben Laden in der Tüte. Hm ... wahrscheinlich hätte doch irgendeines seiner Hemden zu Hause zu dem Sakko gepasst.

Hach! Ich hätte die Hemden zurücklegen lassen sollen, denkt Herr Morgenfroh ärgerlich. Und die graue Lederjacke brauche ich im Grunde auch nicht. Ich habe ja bereits eine schwarze. Herr Morgenfroh schluckt seinen Ärger hinunter, denn Eva sieht so gut gelaunt und fröhlich aus. Den Bettler, ein paar Schritte weiter an der Hauswand, ignoriert er konsequent. Selbstverständlich tut ihm der Mann irgendwie leid, aber Betteln ist in Deutschland ganz sicher nicht vonnöten. *„Genau! Soll er doch arbeiten. Irgendwas. Alles ist besser, als nur dazuhocken und die Hand aufzuhalten. Du musst schließlich auch etwas tun für dein Geld."* Ein bisschen beschämt wechselt Herr Morgenfroh dennoch die edlen Papiertüten auf die andere Körperseite.

Während Eva in einer Boutique ein gehobenes Mittelklasseschicht-Outfit für sich auswählt, nimmt Herr Morgenfroh in einem Straßencafé platz. Am Tisch nebenan sitzt ein Typ mit Billig-T-Shirt und Billigaufdruck. Herr Morgenfroh mustert ihn misstrauisch. *„Sei vorsichtig! Verstaue deine Tüten lieber auf der anderen Tischseite."* Ja. Sicher ist sicher. Er stellt sie neben eine vertrauenserweckend wirkende alte Dame, die vor fünf Minuten heimlich den langstieligen Eiskaffee-Löffel in ihre Handtasche gesteckt hat. Dann sieht er auf seine Uhr. Prima, sie haben noch ausreichend Zeit. Leonie und Paul werden erst um sechs nach Hause gebracht. Sie sind heute bei Freunden. *„Die Kinder solltet ihr übrigens* *unbedingt auch bald neu einkleiden. Sonst denken eure Nachbarn womöglich noch, ihr würdet an den Kindern sparen!"* Stimmt. Nächste Woche sollte Eva das unbedingt erledigen.

Herr Morgenfroh kontrolliert am iPhone kurz seinen Kontostand. Irgendwie seltsam, denkt er, heute verdiene ich besser denn je und trotzdem bleibt nicht viel mehr übrig als in früheren Zeiten. Ob Fahrrad, Kleidung, Sonnenbrille oder Urlaub – alles wird eben teurer in der Chef-Etage. Sogar die Wohngegend. Er bestellt sich einen Espresso und seine Blicke schweifen umher. Eine junge Mutter lässt sich am Tisch gegenüber nieder. Sie wirkt adrett. Gepflegt. Ihr Säugling schläft in einem hübschen Kinderwagen, unter einer leichten Wolldecke. Eigentlich einfach, die Leute einzuschätzen, findet Herr Morgenfroh. *„Stimmt! Die Frau im sexy Kurvenkleid mit dem großen Strohhut dort drüben ist zum Beispiel garantiert auf Männersuche."*

Hoppla! Das ist ja „seine" Frau Morgenfroh, in ihrem neuen Sommer-Outfit! Suchend schaut sie sich um. Entdeckt ihn, winkt fröhlich herüber und kommt mit wiegenden Hüften auf ihn zu. „Gefällt es dir? Ich hab´s gleich angelassen." Frau Morgenfroh dreht sich gut gelaunt um die eigene Achse. „Mutig", grinst Herr Morgenfroh. „Zu sexy?" Eva blinzelt erschrocken. „Unsinn. Genau richtig. Komm, setz dich und trink einen Kaffee mit mir." „Gleich, Schatz. Ich muss nur noch schnell rüber in die Parfümerie. Bin sofort wieder da." „Das kenne ich." Herr Morgenfroh zwinkert wissend. „Weißt du was? Gib mir doch einfach deine Tüten. Ich zahle kurz und bringe unsere Sachen schnell ins Auto. Lass dir Zeit. In zwanzig Minuten treffen wir uns dann um die Ecke beim Italiener. Ich krieg nämlich langsam Hunger." Der Weg zum Auto führt Herrn Morgenfroh wieder am Jedermannskaufhaus vorbei. Und am Schuh-Discounter. In dessen Schaufenster stehen immer noch die auffälligen Schnürschuhe. Herr Morgenfroh bleibt zögernd stehen. Starrt die Schuhe an. Hat das Gefühl, dass sie beide sich eine Ewigkeit kennen. Er gibt sich einen Ruck. Mutig betritt er den Laden. *„Das kannst du nicht machen!"* „Doch, das mache ich!" „Die Rot-Schwarzen aus dem Schaufenster bitte." Die Verkäuferin blinzelt verwundert. Er ist eigentlich nicht der Typ, der normalerweise nach solchen Schuhen fragt. Dann aber lächelt sie freundlich und bringt seine Größe. Sicher passen sie nicht, denkt er beim Hineinschlüpfen. Doch sie passen wie angegossen.

Eine ältere Frau streift ihn mit einem seltsamen Seitenblick. *„Bestimmt denkt sie, dass du völlig den Verstand verloren hast!"* Herr Morgenfroh tritt vor den Spiegel … wippt ein wenig auf den Fußspitzen. „Die würde ich zu einer schwarzen Jeans tragen. Und dazu eine Lederjacke!" Ein tätowierter, junger Mann hat lässig den Arm um die Taille seiner Freundin gelegt. Er nickt anerkennend. „Sieht cool aus." „Also zu meiner Zeit hat man sich solche Verrücktheiten nicht erlaubt!" Die ältere Dame steht plötzlich neben ihm und starrt auf die roten Schnürsenkel. „Und das", fügt sie hinzu, „ist wirklich jammerschade." Sie wendet sich vergnügt an die Verkäuferin. „Fräulein! Gibt es die auch für Damen?"

Herr Morgenfroh verlässt zufrieden den Schuh-Discounter mit einer weiteren Tüte – diesmal aus giftgrünem Plastik. Darin trägt er seine braunen Oxfords. Die neuen Schnürer hat er gleich angelassen. Mutig wie ein Löwe mischt er sich unter die Passanten. Spürt mehr Blicke, als ihm tatsächlich zugeworfen werden. Aber vor allem eins spürt er ganz deutlich: ER FÜHLT SICH WUNDERBAR! Der Taten und der Schuhe wegen. Was für ein Befreiungsschritt auf leisen Sohlen!

KAPITEL 8

Trainier das Tier in dir!

Paul Morgenfroh spielt seit einem halben Jahr Gitarre – und er findet, das sei jetzt lange genug gewesen. Sein Vater teilt diese Ansicht übrigens nicht. Dank Fuzzy ... *"Das kannst du dem Jungen unmöglich durchgehen lassen! Eine Sache einfach so hinwerfen, nur weil sie ein wenig beschwerlich wird. Du siehst doch jeden Tag, wohin das führt!"* Stimmt. Sofort fallen Herrn Morgenfroh ein paar traurige Beispiele aus der Firma ein – unpünktlich, krankfeiern, schlampige Ergebnisse. So soll Paul garantiert einmal nicht werden! *"Ganz meine Rede. Kinder müssen frühzeitig lernen durchzuhalten! In ein paar Jahren ist es sonst vielleicht zu spät."* Zu spät. Oje. Herr Morgenfroh sieht das drohende Unheil geradezu in Siebenmeilenstiefeln herbeieilen. *"Außerdem war die Gitarre teuer genug – und der Unterricht auch."* DAMIT ist Pauls musikalisches Schicksal endgültig besiegelt.

Im Grunde beruht das Ganze ja auf einem banalen Missverständnis. Denn Paul hatte sich zum Geburtstag eigentlich eine völlig andere Gitarre gewünscht – eine, die nach drei Wochen Unterricht quasi von alleine spielt. Stattdessen hat er ein Modell bekommen, das ihm Geduld und Ausdauer abverlangt. Kein Wunder, dass Paul keine Lust mehr hat. Und natürlich hat der Junge Argumente – seine Zeit ist knapp (Tennis und Nachmittagsunterricht), der Weg ist weit und die Gitarre schwer (Mama findet doch tatsächlich, er könne ruhig zu Fuß laufen!!). Jaaaa, wenn der Unterricht im Haus nebenan wäre, dann ... oder der Gitarrenlehrer lustiger ... außerdem schmerzen Paul die Finger vom Üben. Rundheraus: Es macht keinen Spaß mehr! Doch Ausreden lässt Herr Morgenfroh nicht gelten. *„Bravo! Bleib konsequent! Das ist schließlich nur zu Pauls Bestem."*

Paul beißt also auf Granit. So richtig bei der Sache ist er trotzdem nicht. Beim Üben denkt er an Fußball, an die Spielkonsole und an die Mathearbeit – die, die er schon zurückbekommen hat – mit der Note, die sein Vater noch nicht kennt (was auch hoffentlich so bleibt, wünscht Paul sich inbrünstig). Bei so vielen wichtigen Gedanken bleibt also wenig Platz für musische Momente. Die unspektakuläre Etüde aus C-, D- und G-Dur klingt daher nicht ganz so zart und ergriffen, wie sie klingen könnte, wenn der Gitarrist nur wollte. Stattdessen klingt sie (wen wundert's?) nach Mathearbeit.

Und da ist auch schon Herr Morgenfroh. Will kurz reinhören, wie sich das Talent so entwickelt. Spärlich, muss man sagen. Und spärlich ist auch Pauls Freude. Herr Morgenfroh spürt einen leichten Stich in Herzensnähe. *„Du wirst doch jetzt nicht weich werden? Da musst du durch! Denk dran – du legst hier den Grundstein für Pauls Zukunft!"* Herr Morgenfroh strafft die Schultern ... nickt entschlossen ... Grundstein. Genau! *„Gut so!"* Er klopft dem jungen Talent auf die hängenden Schultern und ... stutzt. „Sag mal – was ist denn das? Sind das da etwa FUSSBALLKARTEN?" Stirnrunzelnd deutet Herr Morgenfroh zwischen die Notenblätter. Tatsächlich! Dort stecken Neuer, Lahm und Müller – direkt hinter einem zerknitterten Cristiano Ronaldo.

Herr Morgenfroh ist verärgert. „Konzentrier dich, Junge! Trainier das Tier in dir!" *„Wow! Toller Spruch. Und so wahr. Quasi die eigenen Gedanken unter Kontrolle halten. Schließlich reicht es völlig aus, dass euer HUND sich von jedem Firlefanz ablenken lässt."* Tja, was leider stimmt. Denn Bruno ist tatsächlich schneller auf und davon, als Herr Morgenfroh HIERHER schreien kann ... oder AUS ... oder PFUILASSDENMIST! Stattdessen jagt er die Nachbarskatze. Oder den Briefträger. Auch Tannenzapfen und Radfahrer sind immer spannend genug für eine kleine Auszeit. Ein Energieaufwand, den Bruno sich eigentlich sparen könnte, denn seine Aktionen bleiben entweder erfolglos oder bringen ihm höllischen Ärger – absolut uneffektiv also. Aber erkläre DAS mal einem Hund.

Einem Achtjährigen erklärt sich das natürlich sehr viel leichter. Und ganz sicher würde Paul mit diesem Wissen sein inneres Tier auch ganz wunderbar trainieren – wenn es nicht dummerweise gerade im Urlaub wäre. Pauls Vater bleibt natürlich an der Sache dran. *„Richtig so! Schließlich weißt du besser, worauf es im Leben ankommt!"* Meistens jedenfalls. Herr Morgenfroh fühlt sich erschöpft oder ausgebrannt ... von der Arbeit, vom Familienstress, vom Freizeitstress – vom Stress überhaupt. Dann ist er manchmal nicht mehr ganz so sicher, worauf es WIRKLICH ankommt. Dann lässt er gerne auch mal seine Gedanken schweifen ..., stellt sich vor, „was wäre wenn ...?". In solchen Momenten flüchtet Herr Morgenfroh sich nicht selten in einen kurzen Tagtraum ... voller verborgener Hoffnungen und Sehnsüchte. Oder er begegnet dem gefährlichen Bruder – dem Sekundenschlaf –, in dem Herr Morgenfroh für

Bruchteile seines Lebens die Kontrolle über sich verliert. *"KONTROLLE? Wozu brauchst du Kontrolle? Ich bin doch da! Und wegen Paul mach dir keine Sorgen – schließlich bist du älter, erfahrener und klüger als er."*

Lassen wir Herrn Morgenfroh noch einen Moment in diesem Glauben ... Immerhin hat er im Laufe seines Lebens Erkenntnisse gewonnen, von denen Paul noch meilenweit entfernt ist (Gott sei Dank!). Es ist übrigens erstaunlich, wo Erkenntnisse überall lauern – im Keller zum Beispiel ...

Ein sonniger Samstagvormittag im nicht ganz so sonnigen Keller. Im Hause Morgenfroh ist UG-Entrümpeln angesagt. Nach dem Umzug ins neue Haus wurde hier so einiges zwischengelagert. Alles, was nicht mehr gebraucht wird, fliegt jetzt raus. Oje – das ist aber eine Menge Zeug! Aber in zwei, drei Stunden wird wohl das Meiste draußen sein. Tja, wenn die Sache mit dem Müll nur IMMER so einfach wäre - Müll im Kopf, Müll im Körper, Müll in der Beziehung ... aber diese Art Müll wird Herr Morgenfroh heute wohl nicht mehr los. Oder doch? Wenigstens ein kleines Säckchen? Schau'n wir mal ... Herr Morgenfroh blickt etwas ratlos umher. Hm ... einen Teil der überflüssigen Sachen werden sie wohl verschenken. *"Aber nicht die teuren Langlaufski!"* Er holt die Bretter behutsam vom Schrank. Wow, die sehen wirklich aus wie neu! Bindung topp; ... Schuhe topp! Kein Wunder – er hat das Ensemble in den letzten sechs Jahren auch nur zweimal benutzt. *"Na ja, die Loipe liegt ja auch reichlich abseits."* Um genau zu sein, exakt fünfzehn Minuten mit dem Auto. Das sind immerhin fast 40 Minuten mit dem Fahrrad oder knapp zweieinhalb Stunden zu Fuß! Verständlich, dass Herrn Morgenfroh da abends um sechs einfach die Motivation fehlt. Direkt um die Ecke wäre dagegen optimal. DANN würde er viel häufiger fahren ... vermutlich.

Aber die Loipe ist nun mal, wo sie ist, und Herrn Morgenfrohs Gedanken sind es auch – in der VIP-Lounge seines Lieblings-Fußballvereins nämlich. Hoppla – wie kommen sie denn dort so plötzlich hin? Gerade eben waren sie doch noch im Keller. Direkt neben den Langlauf-Skiern. Hallo, Herr Morgenfroh! Nicht tagträumen! Keller aufräumen! TRAINIER DAS TIER IN DIR! Tja, keine Chance. Die Gedanken sind schließlich frei (erfreulicherweise) – und die von Herrn Morgenfroh toben sich eben gerade im Stadion aus. Dort bleiben Sie wohl auch noch eine Weile – schließlich hat sein Betrieb eine komplette VIP-Lounge für die Führungsriege gebucht. Pokalspiel live, bequem und mit Catering. Tolle Sache! Und gedanklich so wunderbar angenehm verpackt – VIP, VIP, VIP – wie toll sich das anhört! So herrlich weit weg von der Realität. Wen also wundert es, dass Herrn Morgenfrohs Gedanken lieber in der Lounge longieren als im Keller. *„Sag mal, erinnerst du dich eigentlich noch, wo du die Eintrittskarten aufbewahrt hast?"* Traum Ende. Gähn ... selbstverständlich. Schließlich hat er die Karten gewissenhaft in seinem Aktenkoffer verstaut. Direkt hinter dem Schreiben des langjährigen Kunden. *„Ach du meinst den, der plötzlich diese ganzen Änderungen haben will – die, die technisch kaum machbar sind?"*

Schlagartig ist Herr Morgenfroh hellwach. Grrrr ... genau DER. Wie ärgerlich! An Fußball und Pokale denkt Herr Morgenfroh nun doch nicht mehr. An Langlauf auch nicht – vom Keller ganz zu schweigen. Vom Schnee der Loipe also zum Schnee von gestern.

Und schon sitzt Herr Morgenfroh geistig am runden Tisch der Chef-Etage – exakt wie am leidigen Vortag, als beim Meeting alle alles besser wussten. Er will gar nicht daran denken! *„Denk dran! Denk dran!"* Und er denkt dran. Aus reiner Gewohnheit. Jaja, die liebe MACHT der Gewohnheit ... Hm ... ob der Keller heute noch fertig wird? Die Gedanken an das Meeting nerven ... quälen ... reizen und lassen ihn nicht los.

Jetzt aber! Konzentration, Herr Morgenfroh! TRAINIER DAS TIER IN DIR! Aber das unzuverlässige Ding ist entweder schwerhörig oder verreist ... vermutlich zusammen mit dem Tier von Paul ... vielleicht auf Mallorca oder auf Sylt ... Sommer, Sonne, Strand ... im Urlaub eben. Das Training muss also warten. Auf Herrn Morgenfrohs Stirn zeigt sich bereits die erste steile Falte. Sein Mund wirkt hart und verkniffen. Jede Wette, er ist jetzt mittendrin im Meeting. Wette gewonnen!

Herr Morgenfroh geht die Konversation am runden Tisch im Geiste noch mal Wort für Wort durch. Mist! Er hätte auf Blenders unverschämte Bemerkung DOCH mit einer passenden Antwort reagieren sollen! Noch heute ärgert er sich über seine eigene Sprachlosigkeit. Ungehalten schubst er die Skier auf den Schrank zurück. Vorsicht, Herr Morgenfroh! Die können nun wirklich nichts dafür. Übrigens erinnere ich ja nur ungern an den Keller, aber ...

Hoffentlich sind die VIP-Plätze nicht durchnummeriert. Wenn er Pech hat, hockt er sonst den ganzen Abend neben Blender. Ob man das vielleicht googeln kann? Das mit der Nummerierung ...?

Unwirsch gibt Herr Morgenfroh den Skiern nochmal einen Schubs. (Achtung, viel Platz ist da oben nicht.) Spontan fallen ihm zahlreiche schlagfertige Entgegnungen ein, die er gestern hätte anbringen können. Stichhaltige Argumente ... pointierte Antworten! Hach, was hätte er nicht alles sagen können! Tja, zu spät, lieber Herr Morgenfroh. Allerdings wäre es noch nicht zu spät, die Langlaufskier vor dem Schlimmsten zu bewahren. Hallo! Nicht ablenken lassen!

Nichts zu machen. Herr Morgenfroh hat sich festgebissen am Meeting-Tisch. Schließlich hatte er ja auch inzwischen jede Menge Zeit, sich über seine Erinnerungen hunderttausendmal aufzuregen. Die wahren (und, wie er nun klar erkennt, hässlichen) Beweggründe seiner Kollegen liegen vor ihm wie ein offenes Buch. Unbemerkt werden seine Erinnerungen von Mal zu Mal dramatischer ... der Ton der Gespräche heftiger ... kurz gesagt, die ganze Sache wird unangenehmer, als es die Realität je war. Tja, mit den Erinnerungen ist das eben manchmal ähnlich wie mit Gulaschsuppe, je öfter man sie aufwärmt, umso feuriger wird sie.

Herr Morgenfroh presst heftig die Kiefer zusammen. *„Wow! Wenn deine Kollegen dich JETZT sehen könnten! Dieser flammende Blick! Diese verhaltene Wut! Diese unglaublich bedrohliche Selbstbeherrschung!"* Herr Morgenfroh fühlt sich gefährlich. Tierisch gefährlich. Gefangen in seiner Gedankenwelt aus Zorn und Ohnmacht, packt er die Langlaufskier am Kragen. Vorsicht, Herr Morgenfroh ...! Oje. Die Langlaufskier liegen am Boden. Ein Brett ist angebrochen. Unbrauchbar würde ich sagen. Schade. Herr Morgenfroh saß wohl doch eine Spur zu lange am runden Tisch. Nun ärgert er sich natürlich erheblich. *„Also, sich derart reinzusteigern war doch nun wirklich nicht nötig! Und wie weit bist du eigentlich* *mit dem Keller?"* Der Keller! Also schnell weg mit dem Ärger und her mit dem schlechten Gewissen. Hm ... ob das wirklich klug ist? Ärger ist bekanntlich furchtbar nachtragend. In der Regel kommt er wieder – und zwar meist dann, wenn man ihn kein bisschen brauchen kann. Beim gemütlichen Abendessen mit der Familie zum Beispiel. Oder auf dem Sofa, bei einem ruhigen Gläschen Wein. Aber da das schlechte Gewissen nun schon mal da ist ...

Es dauert ein Weilchen, bis Herr Morgenfroh wieder bei der Sache ist. Eingetrocknete Farbeimer, alte Magazine – mit Artikeln, die einmal so ungeheuer wichtig schienen, dass sie es Wert waren, einen Platz im Keller zu erhalten. Weg damit.

Und da ist ja auch das Campingzelt. Genau zweimal haben Sie damit gecampt. Eigentlich schade, denkt Herr Morgenfroh. Plötzlich entdeckt Herr Morgenfroh alte Fotos. In einem kleinen Karton. Auf einem der Schnappschüsse lacht Eva in die Kamera – in ihrem alten, knallroten VW-Käfer. Und da – ein Bild von der Tanzstunde. Witzig, was man im Keller alles findet. In einem blauen Bilderrahmen steckt auch ein Bild von ihm selbst – mit riesiger Schultüte. Hey, hatte er damals wirklich so viele Locken? Holla – fast schon eine Mädchenfrisur! Er grinst und sieht genauer hin ... also wenn diese Locken nicht wären ... dann könnte man fast meinen ... also, er sah damals wirklich genauso aus wie Paul. Die gleichen Grübchen, die gleiche Nase, die gleichen blitzenden Augen. Er wischt den Staub vom Glas. Sein Gesicht spiegelt sich matt darin *„Ihr seid euch wirklich unheimlich ähnlich."* „Oh ja, das sind wir." Nicht ohne Stolz fährt Herr Morgenfroh mit den Fingern über das Bild. *„Das gleiche Lächeln. Das gleiche Temperament."* Herr Morgenfroh grinst. „Allerdings. Paul kann manchmal genauso schnell aus der Haut fahren wie ich." *„Jaja – ihr habt sogar die gleichen Schwächen. Durchhalten ist eben nicht jedermanns Stärke."* „Wie bitte?" *„Na Durchhalten! Du weißt schon – bei der Sache bleiben, auch wenn's keinen Spaß macht."* „Ich weiß, was Durchhalten ist!", schnappt Herr Morgenfroh ärgerlich. „Schließlich tu ich den ganzen Tag nichts anderes. Wirklich albern zu behaupten, dass ausgerechnet ich ..."

Sein Blick fällt auf das bunte Sammelsurium aus Campingzelt, Langlaufskiern und alten Kartons. „Ach DAS." Herr Morgenfroh winkt verlegen ab. „Das hat sich über die Jahre halt so angesammelt. Es ist eben nicht immer einfach, zu entscheiden, was wirklich Müll ist und raus muss." (Wohl wahr.) „Aber dort, wo es drauf ankommt, im Job zum Beispiel, da bin und bleib ich hundertprozentig am Ball!" *„Und warum lässt du den Ball(ast) nicht dort, wo er hingehört?"* „Wie bitte?" *„Na warum nimmst du ihn mit runter in den Keller? Um pausenlos darüber nachzudenken, wie du im Job deine Gegner ausdribbeln kannst?"* „Na, na – so schlimm bin ich nun auch wieder nicht. Aber klar, die Gedanken an die Firma nimmt schließlich jeder ab und zu mit nach Hause." *„Dann muss „zu Hause Grübeln" eine sehr effektive Methode sein – ich meine, wenn JEDER es tut."* „Effektiv? Wie meinst du das?" *„Nun, deine Grübelei muss dir doch irgendwelche Vorteile bringen. Lass mich raten – vermutlich weißt du inzwischen haargenau, ob die VIP-Plätze durchnummeriert sind."* „Ähm ... noch nicht ..." *„Tatsächlich nicht? Aber warst du nicht intensiv mit dieser Frage beschäftigt?"* „Na ja. Das schon, aber ..." Fuzzy fährt fort: *„Und* *trotzdem kein Ergebnis?"* Schweigen. „Na egal. *Bei der nächsten Besprechung dafür – DA wirst du dann mit deinen Argumenten brillieren ... diesen Blender gnadenlos unter den Tisch reden!"* „Ich ... ich weiß doch noch gar nicht, worum es in der nächsten Besprechung gehen wird", stammelt Herr Morgenfroh. *„Jetzt verwirrst du mich aber. Du hast doch vorhin jede Menge Zeit damit verbracht, drei Dutzend Formulierungen auswendig zu lernen. Die musst du doch beim nächsten Mal irgendwie nutzen! Oder soll alles umsonst gewesen sein? Hattest du wenigstens Spaß dabei? Nein – dumme Frage! Vergiss sie. Du hattest überhaupt keinen Spaß. Das war ziemlich deutlich zu sehen. Aber um Himmels Willen, dann erkläre mir bitte, warum du deinen Ball(ast) überall mit herumschleppst?"*

Herr Morgenfroh schweigt betreten. Ja, die ganze Grübelei hat ihn tatsächlich nicht einen Schritt weitergebracht. Im Gegenteil. Der Keller ist erst zur Hälfte leer, die teuren Skier im Eimer. Er MUSS sich jetzt zusammenreißen, sonst hockt er nächste Woche noch hier unten. Und da – mit drei großen Koffern steht plötzlich sein Tier vor der Tür. Braungebrannt. Back from holidays! Wurde aber auch langsam Zeit! Herr Morgenfroh legt den Bilderrahmen zurück in die Kiste. Jetzt ist er bereit ... jetzt ist er im Fluss! Toll, wie Herr Morgenfroh jetzt zupackt. Einpackt. Umpackt. Und es läuft besser und besser. Bereits nach zehn Minuten ist er hochkonzentriert, kommt dadurch zügig voran. Und plötzlich macht ihm Kelleraufräumen beinahe Spaß. Herr Morgenfroh fühlt sich energiegeladen ... kraftvoll ... zuversichtlich. Wie die Ecken sich leeren ... die Regale sich lichten ... plötzlich ist so unheimlich viel Platz hier unten. *„Super! Vielleicht sogar genügend Platz* *für eine Tischtennispla…"* – Halt! Ertappt. Schon wieder auf Abwegen. Herr Morgenfroh strafft die Schultern. Nein, dieses Mal nicht! Er ist sich der gedanklichen Verlockungen bewusst und lässt sie sein, was sie sind. Gedankliche Verlockungen. Er trainiert sein Tier. Er bleibt dran und räumt einfach auf.

Fertig. Der Keller sieht gut aus. Stolz schaut er sich um. Herr Morgenfroh wischt sich erleichtert die staubigen Finger an der Hose ab. Plötzlich hallen seltsame Geräusche durchs Haus. Es klingt, als würde jemand rostige Nägel einschlagen. Aha, Paul übt Gitarre. Herrn Morgenfrohs Blick wandert schuldbewusst zu den Skiern. Durchhalten, auch wenn er längst keine Lust mehr dazu hat – das Gefühl kennt er doch zur Genüge! Und mit einem Mal fühlt er sich beschämt. Das Langlaufen war irgendwann einmal eine fixe Idee gewesen, aber so richtig Spaß hat es ihm eigentlich nie gemacht. Allein die Vorstellung, dass ihn Eva damals gezwungen hätte, weiter zu fahren, nur weil die Skier so teuer waren … fast muss er dabei grinsen.

Und selbst im Büro rauben ihm schon seit Monaten Statistiken wertvolle Zeit, deren Sinn er schon lange nicht mehr erkennt. Überflüssig. Ballast. Müll im Kopf! Herr Morgenfroh lacht ertappt auf. Oje. WIEDER in Gedanken beim Job gelandet. Erneut macht er es sich bewusst. Trainiert sein inneres Tier, denn es lohnt sich. Er richtet sich auf, schnappt sich einen großen Sack und packt zu … füllt ihn, bis er fast aus den Nähten platzt. Raus mit den alten Geschichten! Raus mit dem Gedankenmüll! Rein ins Hier und Jetzt! Dann – ein neuer Moment. Durchatmen. Ausrichten. Das mit Paul. Das liegt ihm auf der Seele. *„Du kannst auf keinen Fall nachgeben!"*

Aber wenn Durchhalten zur täglichen Last wird? Zum Druck auf der Seele? Wenn man Zeit braucht, um sich neu zu finden …? Um Kraft zu tanken …?

Herr Morgenfroh lässt den sauberen Keller hinter sich zurück. Sein Ziel liegt nun klar vor ihm. Nichts kann ihn davon abbringen. Leise öffnet er die Tür zum Kinderzimmer. Paul hockt mit dem Rücken zu ihm im Schneidersitz auf der Matratze. Vor sich eine Bundesliga-Sammel-Mappe und tausendundein Sammelbildchen. Auf dem Boden die Gitarre … aus den Augen, aus dem Sinn. Paul ist hochkonzentriert. Schließlich will er beim Sortieren keinen Fehler machen. Herr Morgenfroh muss lächeln. Wenn man es genau betrachtet, ist Paul eigentlich richtig klasse im Durchhalten! Schon seit über einem Jahr sammelt er schließlich diese Fußballkarten. Tauscht sie geschickt mit seinen Freunden, ordnet sie akribisch und lässt sich durch nichts dabei ablenken – nicht von ihm, nicht von Schularbeiten, nicht vom Gitarreüben. Sein Kopf ist in solchen Momenten DORT, wo Pauls Kopf sein will. Eigentlich bewundernswert. Und keinen Deut anders als bei Bruno, schmunzelt Herr Morgenfroh. Der ist auch hoch konzentriert, wenn er die Nachbarskatze jagt. Weil ihm das Jagen wichtig ist. Viel wichtiger als PFUI, PLATZ und AUSDUSCHLAWINER … Tun, was einem wirklich wichtig ist … was einen erfüllt … DAS hat Herr Morgenfroh schon lange nicht mehr getan. Er geht auf Paul zu. Weiß, was er ihm sagen wird. *„Willst du wirklich derart inkonsequent sein? Überlege es dir nochmal."* Nicht nötig. „Hi, Paul." Paul fährt mit schlechtem Gewissen herum und greift hastig nach dem Gitarrenhals. Herr Morgenfroh blickt ein wenig verlegen. „Weißt du, Paul, ich habe mir fest vorgenommen, heute den Keller aufzuräumen und ... na ja, nach einigen Anlaufschwierigkeiten habe ich es auch sehr gut hinbekommen." Paul schaut verblüfft. „Was hältst du davon", fährt sein Vater munter fort, „wenn wir zwei heute etwas tun, was uns beiden Spaß macht. Im Keller habe ich unser altes Campingzelt entdeckt. Was meinst du – Lust auf eine Nacht im Garten, mit Frühstück auf dem Campingkocher?" Pauls Augen strahlen. Er ist begeistert. Doch erneut fällt sein Blick auf die Gitarre und er zögert. „Eigentlich ... na ja, eigentlich muss ich noch üben." Herr Morgenfroh blinzelt verschwörerisch. „Weißt du was – das Zelt hat ja auch eine ganze Weile im Keller gelegen, und es hat ihm nicht geschadet. Ein paar Wochen hält deine Gitarre das locker durch. Vielleicht sogar länger." Paul stößt einen Freudenschrei aus. Sein Vater grinst.

Gemeinsam schlagen die Morgenfroh-Männer das Zelt im Garten auf. Jetzt ist alles gut. Garantiert! Oder etwa nicht ...? Oje, wohin gehören nur all diese Stäbe? Und erst die Schnüre? Herr Morgenfroh überfliegt die Gebrauchsanweisung. Ärgert sich über die kleine Schrift, den freudlosen Text. *„HA! Genau wie letzte Woche! Erinnerst du dich noch an diese dämliche Anleitung in der Firma?"* Stimmt! Eine Übersetzung aus dem Italienischen! War das eine Telefoniererei mit dem Kundenservice in Mailand ... „Papa, der Stab gehört andersrum." Herr Morgenfroh blinzelt verwirrt. Stimmt. Er gehört andersrum. Außerdem gehört er dazu noch an eine völlig andere Stelle. An der er aber leider schon einen Stab eingebaut hat – der viel zu kurz ist. Herr Morgenfroh flucht leise. „Papa, schau doch mal. Ich hab den langen Bogen ganz alleine geschafft. Es geht ganz einfach, wenn man es macht wie auf den Bildern." Herr orgenfroh blinzelt überrascht. Tatsächlich! Kluger Junge. Die Bilderserie auf der Rückseite der Anleitung hat er völlig übersehen.

Tja, so ist das nun mal, wenn man halbe Sachen macht, Herr Morgenfroh. Nichts Halbes, nichts Ganzes. Er klopft Paul anerkennend auf die Schulter. Tja, sein inneres Tier kommt im Keller offenbar schon ganz gut zurecht. Aber hier draußen …? Hm. Hier muss er es wohl noch ein wenig trainieren. Dann richtet Herr Morgenfroh sich auf … macht sich auf … aufrichtig. Raus mit dem Gedankenmüll! Raus, raus, RAUS DAMIT!!

Und dann kommt sie wieder, diese Ruhe im Moment. Fühlt sich echt gut an, denkt Herr Morgenfroh. Irgendwie so kraftvoll und unendlich. Seine ganze Aufmerksamkeit ist jetzt bei Paul. Dann beugen sich die beiden konzertiert über die Anleitung. Stab um Stab. Bahn um Bahn. Nach zehn Minuten steht das Zelt. Schlafsäcke herbeischleppen … Holz sammeln … lachen … Witze machen. „Na hier herrscht ja eine tolle Laune!", freut sich Eva Morgenfroh, als sie in den Garten kommt. Später lodert das Feuer. Es duftet nach Grillwürstchen.

Die Kisten im Keller, der schwierige Kunde, Blenders Bemerkung: alles längst weggeräumt – dorthin, wo es hingehört: in die Vergangenheit. In die Zukunft. Jedenfalls nicht hier in den Garten. Denn hier, in diesem Moment, haben alle drei rein gar nichts zu suchen. Herr Morgenfroh streckt sich genüsslich im Gras aus. Alles gut. Sein schlechtes Gewissen ist wie weggeblasen. Er spürt, wie ihn die Halme im Nacken kitzeln. Riecht den Duft frischer Erde. Hat es im Garten schon immer so geduftet? Verrückt, dass er das noch nie bemerkt hat. Er fühlt sich leicht und unbeschwert. Eva schwärmt, dass es doch eine tolle Sache wäre, wenn jetzt jemand am Lagerfeuer Gitarre spielen könnte. Eigentlich findet Paul das auch. Aber nicht heute. Vielleicht irgendwann mal. Oder schon bald? Wer weiß. Gitarreüben findet Paul zwar ätzend, aber ... na ja, wenn er hinterher am Lagerfeuer Musik machen kann? Und alle mitsingen. Prima wär's schon. Oder vielleicht wird er sogar eine eigene Band gründen ... Ein schöner Tagtraum, Paul. Trainier dein Tier – dann klappt das schon.

Am Montag ist Herr Morgenfroh frisch und ausgeruht. Und wo er in der Kundenfrage zwischen Zelt und Keller keinen Schritt weiter kam, fallen ihm gleich zwei gute Lösungsansätze ein. Er spricht mit seinem Vorgesetzten – erfährt, dass dieser die leidigen Statistiken auch schon lange nicht mehr liest. Überflüssig! Also weg damit! Als hätten wir es nicht geahnt, dass alles gut wird. Bewusst gemacht. Gut gemacht, Herr Morgenfroh!

KAPITEL 9

Der Familienausflug

Auf Sonntag freuen sich die Morgenfrohs stets besonders. Nicht ohne Grund! Endlich einmal ausschlafen, gemütlich frühstücken, danach eine tolle Unternehmung – ja, so lässt es sich leben. Natürlich wäre es auch möglich, anstatt sich auf Kommendes zu freuen, einfach mal die Gegenwart zu genießen. Aber nein! In der Zukunft liegt das Glück! Und Vorfreude ist bekanntlich auch die schönste Freude – schließlich weiß man nie, ob man das Ereignis später tatsächlich genießen kann. Womöglich passt das Wetter nicht, die Stimmung oder die Begleitung (oder ganz übel: die Stimmung der Begleitung). Außerdem könnte man eine Autopanne haben, eine Darmverschlingung oder schlicht keine Lust. Ja, die Gefahren für echte Freude sind mannigfaltig …

Wie gesagt – es ist Sonntagmorgen. Der Tag der Tage! Das Auto ist startbereit. Eva, Paul und Leonie Morgenfroh freuen sich bereits seit zwanzig Minuten auf ihren Sitzen vor sich hin. Nein, inzwischen sind es bereits zweiundzwanzig Minuten. In festes Schuhwerk gehüllt, starrt Frau Morgenfroh auf ihre Uhr. Jetzt trommelt sie sogar mit den Fingerspitzen auf das Armaturenbrett (was übrigens nur in seltenen Fällen ein Zeichen für Genuss ist). Wo bleibt Adam nur? Er weiß doch, dass sie die Kanus um 12 Uhr reserviert hat!

„Wann kommt Papa endlich?", schürt Paul die frohe Stimmung. „Er telefoniert noch." Eva Morgenfroh spürt ihren Puls kräftig ansteigen. „Mit Oma?", quietscht Leonie neugierig. „Nein", antwortet Frau Morgenfroh ungehalten. „Mit seiner Firma." „Och, immer die." Leonie zieht einen Flunsch.

Diese kleine Randbemerkung saugt Frau Morgenfroh auf wie ein trockenes Schwämmlein. Die armen Kinder! Immer ist Adam die Firma wichtiger als die Familie! (Sie saugt und saugt ...) Ständig muss sie mit den Kindern darauf warten, dass er irgendwann heimkommt, mitkommt oder irgendwo ankommt! Aha, das Schwämmlein ist voll. Prima, gerade rechtzeitig kommt Herr Morgenfroh aus der Haustür. Seine Jacke über der Schulter, schlendert er gelassen die Einfahrt herunter. Er weiß noch nicht, dass im Auto ein vollgesaugtes Schwämmlein auf ihn wartet. Wenn er wenigstens schuldbewusst aussehen würde, denkt Eva empört. Himmel! Jetzt schaut er auch noch in den Briefkasten! Als ob am Sonntag die Post käme! Dabei sind wir eh schon spät dran! Sorgsam klaubt Herr Morgenfroh einen Prospekt aus dem Briefkasten und wirft ihn in die Altpapiertonne. Eva drückt kurz auf die Hupe. Nicht zu heftig selbstverständlich, schließlich ist Sonntag. Herr Morgenfroh öffnet gemächlich die Autotür. „Möchtest du vielleicht noch ein Tässchen Kaffee?", flötet das Schwämmlein ihm entgegen. „Im Ernst?" Adam blinzelt verblüfft. „Haben wir denn dafür noch Zeit?" „Natürlich nicht!", faucht das Schwämmlein erbost. „Weißt du eigentlich, wie spät es ist? Wir sitzen hier schon seit einer halben Stunde und warten." Er runzelt die Stirn. „Na hör mal, glaubst du etwa, ICH freue mich, wenn am Sonntag die Firma bei mir anruft? Aber in meiner Position muss man eben auch am Wochenende erreichbar sein."

„Papa, was ist eine Prozison?", zwitschert Leonie. „Das ist, wenn jemand glaubt, dass die komplette Wirtschaft zusammenbricht, wenn er sein Handy für ein paar Stunden ausschaltet", schnaubt Frau Morgenfroh. Herr Morgenfroh wirft seiner Frau einen wütenden Blick zu. „Nein, das bedeutet, dass man viel Verantwortung trägt und deshalb nicht immer tun und lassen kann, was man gerade möchte." Dass seine Frau so gar kein Verständnis für seine Situation hat, ärgert ihn. Es läuft eben nicht immer alles nach Plan! Außerdem hat er gestern schon gesagt, dass acht Uhr zu spät ist zum Aufstehen. Aber die Herrschaften wollten ja unbedingt ausschlafen!

Frau Morgenfroh atmet tief durch. Auf diesen Tag haben sich die Kinder schon seit Tagen gefreut. Sie beschließt deshalb, ihren Ärger hinunterzuschlucken und macht eine lustige Bemerkung über Pauls rumpelnden Magen. Sofort herrscht Gekicher auf der Rückbank. Herr Morgenfroh unterbricht die allgemeine Fröhlichkeit nur ganz kurz, um allen klar zu machen, dass im Geschäftsauto weder gegessen noch gebröselt wird. Schließlich muss er morgen Kundschaft vom Flughafen abholen. Damit wäre auch das geklärt. Die Freude kann erneut ihren Lauf nehmen.

Das Navi zeigt die Ankunftszeit. Na bitte, wer sagt's denn! Sie werden rechtzeitig ankommen. Und es bleiben ihnen sogar noch volle 30 Sekunden für kleine Pausen. Zwei Stunden Fahrt sind schließlich keine Ewigkeit. Jedenfalls nicht, wenn man keine zwei Gläser Brause zum Frühstück hatte ...

„Ich muss Pipiiiii!" Ein Blick auf Leonies gerötete Wangen beweist die Dringlichkeit der Sache. „Was? Wir sind doch erst vor zwanzig Minuten losgefahren! Und auch noch mitten auf der Autobahn!" Herr Morgenfroh ist sichtlich genervt. „Ich muss aber trotzdem." „Wirklich Eva, konntest du die Kinder nicht VOR der Autofahrt aufs Klo schicken?", knurrt er ungehalten. „Hab ich ja", entgegnet seine Frau schnippisch. „Aber wir mussten danach ja noch eine halbe Stunde im Auto warten."

Der nächste Parkplatz wird zügig angefahren. Anhalten. Abschnallen. Aussteigen. Es gibt zwar keine Toiletten, dafür aber ein paar einladende Büsche. Leonie saust ins Gestrüpp. „Ich hab' ja gleich gesagt, sie soll dieses Brausezeug nicht trinken", belehrt Herr Morgenfroh. „Sei doch nicht immer so streng! Die Brausetüte war eben noch von Sofies Kindergeburtstag übrig. So sind Kinder nun mal!" „Warum?", knurrt Herr Morgenfroh. „Ich trinke ja auch nicht immer alles, was übrig bleibt."

Bei Leonies gesunder Rückkehr befindet sich an ihrer Schuhsohle etwas, das man mit einigem Wohlwollen für einen halben Maulwurfshügel halten kann. Hm ... Sie erinnern sich? Sauberes Auto? Die Kundschaft vom Flughafen? Also gut. Schuhwerk aus! Einsteigen. Anschnallen (das Gurtschloss klemmt). Weiterfahren. Die Brause treibt allerdings stärker als gedacht. Wieder anhalten. Abschnallen. Schuhwerk an. Pipi machen. Zurück ins Auto. Schuhwerk aus. Übers Gurtschloss ärgern. Weiterfahren. Gut, dass man nicht auch noch nach dem Weg suchen muss. So ein Navi ist wirklich Gold wert. Oder Silber. In diesem Falle Nickel. Eine nagelneue Straße irritiert die empfindliche Software. Prompt fährt Herr Morgenfroh eine Abzweigung zu weit. So ein Pech aber auch! Natürlich dennoch keine Katastrophe. Es sei denn, man gerät in einen Stau.

Schleppender Verkehr mit Stillstand und lautes Gejammer (ohne Stillstand) – nach fünfzehn Minuten gibt sich Herr Morgenfroh geschlagen. Im Heck werden großzügig Brezeln und erfrischende Getränke verteilt, um dem Hungertod vorzubeugen. Der Stau wird währenddessen kurvenreich umgeleitet.

„Mir ist schlecht", stöhnt Paul mit grünen Bäckchen. Der arme Junge!, denkt Frau Morgenfroh. Die armen Autositze!, denkt Herr Morgenfroh. Hastig hält er am Straßenrand an. Händchen halten, Stirn kühlen, ein Schluck Orangensaft. Ein paar Schritte an der frischen Luft. Allmählich kehrt Farbe in Pauls Wangen zurück. „Warum musst du auch immer derartig durch die Kurven rasen!" Aha, Frau Morgenfroh wirft bereits den Speer des Vorwurfs. „Also bitte! Ich bin doch nicht gerast! Das war Stop-and-go in ganz normalem Tempo! Und wer hat denn die Kinder schließlich mit Brezeln vollgestopft?" Jaja, die Retourkutsche. War ja zu erwarten. „Kein Wunder, dass ihnen schlecht wird!" „Das ist wieder mal typisch!" Eva greift jetzt nach ihrem Morgenstern. „Du weißt doch ganz genau, dass Paul das Kurvenfahren nicht verträgt! Das ist so ungeheuer rücksichtslos von dir! Aber wir sind ja schließlich nicht die Firma, sondern NUR die Familie." Zack! Ein zwar unfairer, aber guter Hieb auf den ritterlichen Schild. Der Besitzer desselben schwankt auch entsprechend in seiner Ehre getroffen. „Dann fahr doch nächstes Mal selbst!", touchiert Herr Morgenfroh.

„Ach ja, DAS soll ich jetzt also auch noch selbst machen? Nachdem ich schon alles alleine geplant, das

Picknick vorbereitet und die Taschen gepackt habe!"
„Na bitte, da wäre es doch nur konsequent, wenn du dann auch alleine fährst."

Die sonntägliche Stimmung neigt sich einem zügigen Ende zu. Na so was! Dabei hat der Morgen gerade erst angefangen. Ab jetzt geht die Fahrt schweigend weiter. Frau Morgenfroh sitzt mit zusammengepressten Lippen auf dem Beifahrersitz. Die Kinder schweigen vorsichtshalber auch. Sicher ist sicher. So ein undankbarer Kerl!, denkt Frau Morgenfroh. Dabei hat sie sich so viel Mühe mit den Vorbereitungen gegeben, damit es heute ein schöner Familienausflug wird – und was tut ER? Erst telefoniert er stundenlang mit seiner Firma, dann macht er sich Sorgen um sein steriles Auto, anschließend fährt er wie der Henker durch die Kurven, ohne Rücksicht auf Paul. Dabei weiß er genau, dass der das nicht verträgt! WARUM kann er sich nicht ebenfalls mal ein bisschen Mühe geben! Herr Morgenfroh starrt ähnlich gut gelaunt auf die Straße vor sich, während er das Auto magenschonend durch die Natur lenkt. Gott sei Dank ist Sonntag nur einmal die Woche!, denkt er erleichtert.

„Wir müssen tanken." Keiner macht dazu einen Kommentar. Was sicher auch besser ist. Herr Morgenfroh hält an der nächsten Tankstelle und steigt aus dem Auto. Die Kinder wollen zuschauen und schlüpfen hinterher. Frau Morgenfroh klappt den Schminkspiegel herunter und zieht ihre Lippen nach. Eine laute Familie im Auto nebenan schleckt genüsslich Eis am Stiel. Den Kombi vollgepackt mit Taschen und einem Liegestuhl. Auf dem Dach ein knallrotes Schlauchboot. Offenbar sind sie auf dem Weg zum Badesee, der hier direkt um die Ecke liegt. Tja, DIE sehen jedenfalls aus, als ob sie Spaß hätten! Ihren Sonntag hat sich Eva wirklich anders vorgestellt. Noch 45 Minuten Fahrt liegen vor ihnen. Und sie werden gnadenlos zu spät kommen. Vermutlich sind die Kanus dann schon anderweitig vergeben. Enttäuschte Augen blicken ihr im Spiegel entgegen.

Warum laufen solche Ausflüge immer ähnlich ab. Jedes Mal gibt es Streit! Warum muss eigentlich immer ICH die Sonntage organisieren? Wirklich, Adam enttäuscht mich bei so etwas andauernd! Doch plötzlich muss sie wider Willen schmunzeln. Wie hieß das doch gleich? Nicht Adam enttäuscht mich, sondern ICH NUTZE Adam, um mich zu enttäuschen! Oje, was für ein Satz! Sie kommt sich ein wenig albern vor. Aber so oder so ähnlich war der Impuls in diesem Buch, das sie vor kurzem gekauft hat. Sie versucht sich zu erinnern. Ja, ICH enttäusche mich! ICH mache das so! Sie lässt die Worte ein Weilchen in sich nachklingen. Stand in dem Buch nicht auch irgendetwas davon, dass man die Emotion erst mal annehmen soll. Und ein paar Stufen durchlaufen ... Na dann mal los, da kann ja nichts mehr schiefgehen.

Die Enttäuschung breitet sich dick und fett auf ihrer Schulter aus. Gemeinsam starren sie in den Schminkspiegel. Fließen – sammeln – und los.

Bewusste Aufmerksamkeit: (Fuzzy wird zum Beobachter). *„Du siehst nicht gut aus."* Danke, das hilft mir wirklich sehr. *„Nein, im Ernst. Was ist los mit dir? Wie machst du dich?"*

Annehmen: Ich bin maßlos enttäuscht ... äh nein, ich mache mich maßlos enttäuscht. *„Das kann ich verstehen. Du hast dir wahnsinnig viel Mühe gegeben mit den*

Vorbereitungen für diesen Tag. Läuft wohl nicht so, wie du dachtest ...?" Ach! Heute ist einfach der Wurm drin. Wenn Adam vorhin nicht ewig telefoniert hätte ... und dann auch noch dieser blöde Stau ... *„Stopp! Du enttäuscht dich. Punkt. Das ist jetzt gerade deine Wirklichkeit. Lass das doch erst mal sacken."* Schön. Eva lässt es sacken. *„Und? Immer noch enttäuschst?"* Was für eine dumme Frage. Natürlich! *„Sicher?"* Ja, sicher! *„Ganz sicher?"* Was soll der Quatsch? Sicher bin ich ganz sicher! *„Das ist gut."* Eva blinzelt verwirrt. Wofür soll das gut sein? *„Na, so ein Gefühl hat schließlich Konsequenzen. Da solltest du schon ziemlich sicher sein."* Was für Konsequenzen? *„Darauf könntest du schon selbst kommen."* Ich komm nicht drauf, murrt Eva. *„Gut, ich gebe dir einen Tipp: Was bringt dir deine Enttäuschung?"* Blöder Satz, knurrt Eva. *„Mag sein. Trotzdem: WAS gibst du dir durch deine Enttäuschung?"*

Abwägen: Eva kommt sich ein bisschen albern vor mit der ungewohnten Sprache. Was gebe ich mir dadurch? Zuwendung, durchfährt es sie blitzartig. Eva blinzelt überrascht. Tatsächlich! Wenn sie enttäuscht ist, haben alle anderen ein schlechtes Gewissen und versuchen sie aufzumuntern. Zuerst die Kinder, dann Adam. Denn auch er kann nie lange zusehen, wenn sie schmollt. Stimmt. Sie schämt sich ein bisschen. *„Stopp! Du sollst dich jetzt nicht schämen, bleib bei deinem Enttäuschtsein! Nimm dieses Gefühl an. Prima, nun hast du den Bogen raus. Jetzt denk noch mal scharf nach: Was nimmst du dir dabei, wenn du dich so enttäuschst?"* Schon wieder diese Sprache. Eva seufzt. Gut, dass keiner zuhört. Sie überlegt. Was nehme ich mir dadurch? Eigentlich genieße ich diesen Tag kein bisschen, obwohl ich mich so darauf gefreut habe. *"Stimmt. Ein wunderbarer Tag mit tausend Möglichkeiten. Ein leckeres Picknick im Kofferraum und gepackte Taschen mit allem, was man so braucht. Du könntest diesen Tag tatsächlich genießen – wenn du wolltest. Andererseits ... du könntest auch stundenlang enttäuscht sein, wenn du wolltest. Umsorgt von deiner Familie. Beobachtet. Bemitleidet. Ja, du könntest geduldig darauf warten, dass Adam seine Fehler einsieht und dich wieder bedauert. Andererseits könnte es sein, dass auch Adam darauf wartet, dass du deinen Fehler einsiehst und ihn bedauerst."*

Phh!, schnaubt Eva abfällig. Darauf kann er lange warten! *"Stimmt. DU hast die Macht."* Eva wirft einen Blick aus dem Fenster, wo Adam mit sauertöpfischer Miene den Tankrüssel zurück in die Säule steckt. Ich will das nicht. *"Was willst du nicht?"* Hier sitzen, mich schlecht fühlen und darauf warten, dass die Anderen das ändern. *"Aha. Was willst du denn dann?"* Diesen Tag genießen. *"Bist du sicher?"* Todsicher. *"Dann übernimm Verantwortung und genieße ihn. Na los!"* Nun mal langsam. So schnell geht das nun auch wieder nicht. Wir haben schließlich noch 45 Minuten Fahrt vor uns. Und ob die Kanus dann überhaupt noch da sind ... *"Wo ist die Macht?"* Eva schweigt betroffen. Was so eine einfache Frage doch bewirken kann. Dann rutscht sie entschlossen hinüber auf den Fahrersitz.

Ausleben: Als Herr Morgenfroh mit den Kindern zurückkommt, schaut er säuerlich. „Ach so, jetzt willst du also doch selbst fahren." „Genau!" Eva sieht entschlossen aus. Leicht verärgert steigt er ein. Die Kinder blicken scheu von einem zum anderen. Von Vorfreude aufs Kanufahren ist bei keinem mehr etwas zu spüren.

Dass Eva jetzt auch noch das Steuer übernommen hat, wurmt Herrn Morgenfroh. Reine Provokation, findet er. Die paar Kilometer hätte er auch selbst fahren können. Überhaupt! Warum sieht sie plötzlich so zufrieden aus? Vorhin war sie doch noch auf hundertachzig! Vermutlich will sie ihn ärgern. Aber so was sitzt er locker aus – im Normalfall. Der ist heute allerdings nicht.

„He, was machst du denn da? Das ist doch die völlig falsche Richtung!" Ärgerlich blickt Herr Morgenfroh der verpassten Abzweigung nach. Lieber Adam, locker sieht anders aus. „Ich kenne eine Abkürzung", erklärt Eva ruhig. „Ach ja? Und was für eine?", ruft Herr Morgenfroh genervt. Eine zu einem schönen Sonntag." Eva ist zuversichtlich, dass ihre Idee gut ist, und fühlt sich einfach zufrieden. Entschlossen biegt sie in den Parkplatz zu ihrer Linken. „Ein Badesee!", ruft Paul begeistert. Auch Leonie hüpft aufgeregt auf ihrem Sitz auf und ab. Adam Morgenfroh starrt Eva irritiert an. Sie lächelt etwas unsicher. „Weißt du, zum Kanufahren hatte ich plötzlich echt keine Lust mehr. Und Badesachen haben wir doch sowieso dabei …"

Die Kinder stürmen bereits zum Kofferraum und suchen voller Freude ihre Rucksäcke. Nach der langweiligen Fahrerei ist ihnen sowieso nicht nach Im-Kanu-Sitzen. „Aber du kannst doch so etwas nicht alleine entscheiden!", protestiert Herr Morgenfroh ein wenig beleidigt. „Doch." Eva grinst plötzlich selbstbewusst. „Kann ich." Und schwupps sitzt Herr Morgenfroh solo im Auto. Er kratzt sich am Kopf. Was war nur in Eva gefahren? Aber eigentlich … na ja, ehrlich gesagt, hatte auch er schon längst keine Lust mehr aufs Kanufahren gehabt. Aber sie hätte zumindest fragen können! Dass Eva ihre gesamte mühevolle Planung einfach über Bord wirft, das kennt er gar nicht von ihr. Und eigentlich ist er sogar angenehm überrascht. Ein spontaner Ausflug an den See. Warum eigentlich nicht? Fröhlich pfeifend folgt er dem Rest der Familie.

KAPITEL 10

Oma Herta ist die Beste

Oma Herta ist die Beste – das weiß inzwischen jeder. Die Freunde, die Nachbarn, der Postbote – und natürlich die Familie. Mehrmals die Woche schaut sie bei den Morgenfrohs vorbei, hilft im Haushalt, werkelt im Garten, spielt mit den Kindern … Das hat sich so eingebürgert, seit Opa Kurt tot ist. Ein Ritual, das allen Halt gab. Damals. Vor fünf Jahren. Doch die Zeiten ändern sich …

Samstagmorgen, Punkt halb elf. Oma Herta rauscht zur Tür herein. Wie gut, dass sie seit Weihnachten ihren eigenen Hausschlüssel hat. Für den Notfall, dachten die Morgenfrohs damals. Falls mal was mit den Kindern oder dem Hund wäre. Doch inzwischen scheint jeder Besuch von Oma Herta ein Notfall zu sein. Die Frage ist nur, für wen? Im Handumdrehen nimmt sie alles in Beschlag: die Kinder, die Küche, die Morgenfrohs. Jubelnd durchwühlen Paul und Leonie die Tüte, die Oma mitgebracht hat. Zwei Päckchen Gummibären, Fußballsammelkarten für Paul und einen Mandala-Malblock für Leonie. Eva lächelt nachsichtig. Noch! Doch ihr persönliches Kopfkino steht bereits in den Startlöchern. Drei, zwei, eins … Film läuft! Ton ab! … Klappe 1, Punkt 1 … „Evas Ärger" die Erste: *Fuzzy an Eva! FUZZY AN EVA! „Sag mal, das ist ja das reinste Weihnachtsfest hier! Wolltest du die Kinder nicht zum Maßhalten erziehen?"* Stimmt! Evas Nachsicht verabschiedet sich abrupt. Mit kritischem Blick bewertet sie das Treiben nun völlig neu. Schließlich schneit Oma Herta an mindestens drei Tagen der Woche herein – und jedes Mal hat sie die Taschen voller Süßigkeiten oder kleiner Geschenke. Ziemlich übertrieben, findet Eva. Andererseits ... Oma Herta meint es ja nur gut. *„Ach wirklich?"*, hinterfragt Fuzzy. Ja sicher doch! ... Hm, oder etwa nicht ...? Eva zögert. *„Wer ständig schenkt, will häufig eine Gegenleistung. Garantiert glaubt sie, damit ein Recht auf Einmischung zu haben!"* Und schon beginnt Eva sich ein ganz klein wenig zu ärgern. *„Völlig zu Recht. Es sind schließlich DEINE Kinder! Du machst hier die Regeln! Also los, unternimm etwas!"* Und Eva unternimmt etwas. „Kinder, Schluss jetzt! Keine Süßigkeiten am Vormittag! Legt die Packungen augenblicklich in den Küchenschrank!" Ihr strenger Blick spricht Bände. Aber offensichtlich in der falschen Sprache. Oma Herta übersetzt sicherheitshalber: „Jawohl, Kinder – jeder nur eine Handvoll und der Rest kommt in den Schrank!"

Bevor Mama sprachlich nachjustieren kann, flitzen Paul und Leonie mit vollen Backen um die Ecke. Klappe 1, Punkt 2 ... „Evas Ärger" die Zweite: Evas Ärger wächst und gedeiht vortrefflich. *„Das gibt es doch nicht! Herta untergräbt völlig deine Erziehungsmethoden! Selbst den Hund hat sie schon auf ihrer Seite!"* Tatsächlich! Auch Bruno hat nur noch Augen und Ohren für Oma Herta. Aus deren Tasche duftet es verführerisch nach Hundeleckerchen. „Bruno, komm her!", ruft Eva ungehalten. Wenigstens der Hund soll wissen, wer hier das Sagen hat. Bruno dreht kurz den Kopf in ihre Richtung. Im Moment hat er aber leider, leider gerade so gar keine Zeit. Nur nicht das Leckerchen verpassen! In Eva brodelt es inzwischen gewaltig. Aber sie beherrscht sich. Ihr Ärger hat dadurch gute Chancen, bis zur Ernte noch ein ordentliches Stück zu wachsen. Evas kleiner Film läuft und läuft ... *„Aha, selbst Bruno hört nicht mehr auf dich! Erst die Kinder, dann der Hund! Was kommt wohl als Nächstes? Das kannst du dir doch nicht bieten lassen!"*

Eva spürt ein tiefes Grollen in ihrer Kehle emporsteigen ... Ja! Sie muss eingreifen! AUF DER STELLE! Obwohl sie Streitgespräche von Herzen hasst – viel zu oft zieht sie dabei den Kürzeren: Weil sie keinen verletzen mag. *„Ja ja, deine Kolleginnen im Job haben das auch längst bemerkt und nutzen deine Schwäche schamlos aus. Du bist immer viel zu gutmütig. Kein Wunder, dass alle mit dir umspringen, wie sie wollen."* Von wegen! Damit ist jetzt Schluss! Eva fährt die Krallen aus ... presst die Kiefer zusammen ... wappnet sich für den Angriff ... Jetzt! JETZT wird sie sich wehren! Sie begibt sich in Panther-Stellung und ... *„Stopp! Denk noch mal nach!"* ... zögert. *„Oma Herta ist schließlich nicht mehr die Jüngste. Wer weiß, wie lange sie noch da ist? Sie könnte krank werden ... stürzen ... bei dem Streit einen Herzanfall bekommen ... wer weiß das in dem Alter schon so genau? Vielleicht solltest du deinen Ärger doch lieber herunterschlucken."*

Sofort spürt Eva eine immense Erleichterung. Gott sei Dank! Doch keine Konfrontation! Doch kein Streit! Stattdessen Familienfriede. Wie schön. *„Eben. Was nicht heißen will, dass du in der Sache klein beigibst. Du handelst lediglich besonnen."* Genau! *„Und in ein paar Tagen wirst du das Thema dann in Ruhe ansprechen."* Ja! JA! Eva spürt, wie die Anspannung von ihr abfällt. *„Dann bist du auch nicht mehr so aufgewühlt."* Eva nickt eifrig.

Kein Streit! Nicht heute, nicht morgen. Erst irgendwann ... Ihr Film läuft ... und läuft ... – tolle Szenen! Autsch! Hoppla, was war das? Ah, vermutlich der kleine Stachel in Evas Wunde. Egal. Das bisschen Schmerz kann sie gut aushalten. Familienfrieden ist wichtiger. Film Ende.

Adam betrachtet zufrieden das kleine Idyll. Wie schön für Eva, dass Mutter ihr ein bisschen unter die Arme greift – bei der Hausarbeit, im Garten, mit den Kindern. Eva ist samstags stets ein bisschen angespannt (ha, warum wohl?). Außerdem tut es seiner Mutter gut, eine Aufgabe zu haben. Und wie schön auch für die Kleinen, dass sie einen so engen Kontakt zur Oma haben. Er selbst kann das Zusammensein leider nicht weiter genießen. Schließlich hat er schrecklich viel zu tun. *„Ja, zu schade. Sonst würdest du natürlich liebend gerne noch eine Weile hierbleiben und dich mit der Familie freuen."* Ja, wirklich schade. Hastig eilt Adam Morgenfroh Richtung Garten davon. Das IKEA-Regal für die Garage baut sich schließlich nicht von alleine auf. „Ganz der Papa!", ruft Oma Herta vergnügt hinterher. „Der war auch immer so beschäftigt. Immer in Bewegung. Immer unter Strom!"

Adam Morgenfroh ärgert sich prompt. Was weiß seine Mutter schon! Gerade jetzt würde er viel lieber im Liegestuhl sitzen und die Zeitung lesen. Aber DAS geht natürlich nicht! Samstags wird nicht gefaulenzt! Samstags wird der Rasen gemäht, das Auto gesaugt, die Hecke gestutzt! Was sollen sonst die Nachbarn denken? Schließlich gibt es den ultimativen Samstagskodex! Den, der alles regelt. Den, an den sich alle halten. *„Eben. Wer in dieser Gegend wohnt, hat schließlich*

Verpflichtungen! Im Schrebergarten kann schließlich auch nicht jeder die Tomaten pflanzen, wie er will! Tja, wenn eure Hecke höher wäre ... oder wenn die Nachbarn samstags auch im Garten säßen ... Aber so ..." Herr Morgenfroh seufzt. Wenigstens hat er in der Garage seine Ruhe! Entschlossen zieht er den Karton mit dem Regalbausatz aus der Ecke. Ein Satz prangt ihm in großen Lettern entgegen: Wohnst du noch oder lebst du schon?

Bruno biegt schwanzwedelnd um die Ecke. Die Verpackung bäumt sich drohend auf ... wehrt sich nach Kräften. Bruno bellt energisch. Hat er es doch geahnt, dass er hier gebraucht wird! Gemeinsam mit Herrchen stürzt er sich in den Kampf. „Langsam, Junge", lacht Herr Morgenfroh. Erfolgreich wird der Feind besiegt. Bruno wirft sich zufrieden vor dem Garagentor ins sonnenwarme Gras. Mit einem Auge späht er hin und wieder wachsam herüber. Man kann ja nie wissen. Herr Morgenfroh sammelt die zerfetzte Verpackung ein. Macht sich an die Arbeit. Weil Samstag ist. *„Funktionierst du noch oder lebst du schon ...?"* Bruno gähnt ausgiebig. Dreht sich auf den Rücken. Lässt sich die Sonne auf den Bauch scheinen. Fast neidvoll schaut Herr Morgenfroh zu ihm hinüber. Hund müsste man sein. Im Nachbarsgarten brummt der Rasenmäher. JETZT einen Kopfstand im Garten machen! So lange, bis die Schläfen pochen. Bis er tomatenrot wird. *„Samstagskodex ... Samstagskodex ..."*

Natürlich macht Herr Morgenfroh KEINEN Kopfstand. Stattdessen sortiert er das Aufbauzubehör. Er sucht drei Schrauben, die er nirgends finden kann. Irgendwo raschelt es verdächtig. *„Wenigstens eine Maus könnte Bruno ab und zu fangen."* „Los, Bruno! Wo ist die Maus! Such!" Bruno blinzelt. Nö. Zum Mäusefangen hat er keine Lust. Such doch selbst. Genüsslich reckt Bruno die Schnauze in die Luft. Also das ist doch …!

Ah, da! Die Schrauben sind unter die Verpackung gerollt. Herr Morgenfroh montiert die Holzleiste. Kühl hier in der Garage. Er hätte das Regal doch besser im Freien aufbauen sollen. Bruno springt auf. JETZT eine Amsel jagen! Und er jagt eine Amsel. Herr Morgenfroh schaut verdrießlich hinterher. Ja, DER hat es gut. DER kann tun, wonach ihm der Sinn steht. Herr Morgenfroh kann das nicht. Jedenfalls nicht jetzt – Samstagskodex. Und morgen leider auch nicht – Sonntagskodex. Vielleicht nächste Woche? Aber auch da gibt es Regeln – Firmenkodex. Tja es gibt eben immer einen Kodex für irgendwas. Kann man nichts machen. Muss man eben durchhalten. Verflixt! Herr Morgenfroh hat die Holzleiste verkehrt herum montiert! Nun kommt er doch ins Schwitzen. JETZT das Fahrrad schnappen und den ganzen Mist einfach liegen lassen! Ein Indianergebrüll ausstoßen und ab durch die Mitte!

Der Nachbar winkt über den Zaun. Auch er hat zu tun. Herr Morgenfroh winkt zurück. Er schraubt und schwitzt. *„Samstagskodex … Samstagskodex …"*, schraubt und schwitzt. JETZT ein Loch unterm Baum graben!, denkt Bruno. Hm … das könnte Ärger geben. Dein Herrchen mag buddeln unterm Baum nicht, Bruno. Und das weißt du auch. Dann hinterm Baum? Auch nicht. Links daneben? Nö. Egal. Und Bruno gräbt ein Loch direkt unterm Apfelbaum. Herr Morgenfroh schimpft! Legt Bruno an die Leine. Schüttet das Loch zu. Angebunden am Gartenzaun fläzt Bruno sich im Gras. Genüsslich. Entspannt. Der bereut offenbar nichts. Herr Morgenfroh linst zu Bruno hinüber. „Funktionierst du noch, oder lebst du schon?" Jetzt bleibt sein Blick an seinem Fahrrad hängen. Samstagskodex? Ich pfeif drauf! Ich mach mich jetzt! Fünf Sekunden später saust er an Nachbars Garten vorbei. Tritt ordentlich in die Pedale. Stößt sein wildestes Indianergeheul aus. Der Nachbar wundert sich. DAS würde er jetzt auch gern tun! Aber er kann ja nicht, schade. Ja, schade.

Auch Eva hat jede Menge zu tun. Eigentlich. Betten überziehen zum Beispiel. Oder im Kräutergarten hacken (der Löwenzahn sieht toll aus! Heute Abend macht sie einen Salat davon). Aber Adam ist in der Garage verschwunden und so entscheidet Eva, dass sie noch eine Weile an Oma Hertas Seite bleiben muss. *„Genau! Du weißt schließlich, was die Höflichkeit gebietet! Im Gegensatz zu deinem Göttergatten – der Oma Herta mal wieder raffiniert aus dem Weg geht."* Aha, da läuft schon wieder einer von Evas Filmchen. Ton ab! ... Klappe!

Oma Herta krempelt die Ärmel hoch. Räumt die Spülmaschine aus und auch gleich wieder ein. Wienert den Tisch, wienert die Spüle, den Herd und die Marmorküchenplatte. Im Nu ist alles blitzblank. Jedenfalls oberflächlich. Im Kopf, im Bauch und anderswo schleppen die Morgenfrohs ihren Ballast munter weiter durch die Gegend. Tja, nicht alles lässt sich eben mit einem Lappen beseitigen. Eva hat noch Tiefkühlkost im Gefrierfach. Aber davon will Oma Herta nichts wissen. Wenn SIE kocht, gibt es frische Zutaten! Außerdem liebt Adam ihre selbstgemachte Hausmannskost.

„Kindchen, jetzt geh mal kurz zur Seite. Lass mich das machen!" Eva ringt ihren aufkeimenden Ärger nieder. Eigentlich hätte sie heute am liebsten ein superschnelles Nudelgericht auf den Tisch gebracht, mit einer noch schnelleren Tomatensoße. *„Sag mal – ist das nicht DEINE Küche? So kannst du doch nicht mit dir umspringen lassen! Du solltest auf der Stelle ..."* Stopp! An dieser Stelle macht Eva einen Cut. Bewusst. Weil sie den Film schon kennt. Und weil sie keine Lust mehr auf ihn hat. Oma Herta ist in ihrem Element. Na und? Dann geht sie sich eben jetzt die Haare tönen. Dafür hat sie sowieso die ganze Woche keine Zeit gehabt. Pfeifend verschwindet Eva Richtung Bad. Als sie an der Flurgarderobe vorbeikommt, wirft sie ihrem Spiegelbild vergnügt eine Kusshand zu. „Na, wie mache ich mich?" Sehr vielversprechend, Frau Morgenfroh!

Oma Herta wischt sich mit dem Handrücken die Stirn. Fühlt sich erschöpft. Weil ihr die Arbeit doch nicht mehr so leicht von der Hand geht wie früher. *„Reiß dich zusammen! Du bist stark! Warst es schon immer! Adam und Eva rechnen schließlich fest mit dir."* Ein wenig sehnsüchtig denkt sie an ihre Nachbarin. Die hat sie eingeladen, mit ihr und ein paar Freundinnen samstags zum Aqua-Jogging zu gehen. Regelmäßig. Danach essen stets alle zusammen. Im Restaurant um die Ecke. Oma Herta hat selbstverständlich abgelehnt! Samstags ist sie schließlich bei den Kindern. Aber das ist in letzter Zeit immer so anstrengend. Hach, Aqua-Jogging wäre vielleicht doch ganz schön. *„Ach was! Vermutlich würde dir die Sache sowieso keinen rechten Spaß machen. Aqua-Jogging – wie sich das schon anhört! Ist ja auch mühsam, immer die schwere Badetasche zu schleppen, und im Winter wird es sogar noch beschwerlicher ..."* Oma Herta nickt zustimmend. Bruno späht um die Ecke. Gibt es hier etwa ein Leckerchen? Fragend schaut er Oma Herta an. Nein. Sieht nicht danach aus. Oder hat man hier wenigstens ein wenig Spaß? Oma Herta starrt unzufrieden in den Rotkohl. Hm, offensichtlich auch nicht. Ja dann ... Bruno schlendert davon. Auf der Suche nach einer Sache, die ihn zufrieden macht.

Auch Oma Herta will Zufriedenheit. Und sie weiß auch genau, wie das geht. Ein Schluck aus dem kleinen Fläschchen in ihrer Handtasche – und schon spürt sie die neue Energie! Ein Päuschen im Garten würde ihr jetzt ganz gut tun, aber die Kinder freuen sich ja schon so auf ihr Brettspiel! Paul freut sich nicht. Vor einem Jahr hätte er das auch knallhart so gesagt. Denn eigentlich will er viel lieber mit seinen Freunden Skateboard fahren oder am Baumhaus bauen. Brettspiele sind schon längst nicht mehr sein Ding. Aber schließlich ist Paul ja jetzt fast zehn und hat gelernt, dass man Rücksicht nehmen muss. Und die Oma hat ja niemanden sonst.

Leonie hätte die Oma am liebsten ganz für sich allein. Zum Kuscheln und Vorlesen. Doch die mag Brettspiele so gerne ... Wirklich bewundernswert, wie die Morgenfrohs sich ineinander einfühlen. Gedankenlesen nennt man diese Kunst! Aber für Kunst muss man bekanntlich Opfer bringen. Nehmen Sie Vincent van Gogh – der war sogar schon tot, ehe die ersten Fans ankamen. Na, vielleicht haben die Morgenfrohs ja mehr Glück. Das Essen ist fertig. Alle versammeln sich am Tisch. Freuen sich auf die liebevolle Hausmannskost. Bis auf Oma Herta. Die verträgt die schwere Kost schon lange nicht mehr. Sie zwingt sich trotzdem zu ein wenig Rotkraut und einem Knödel. Sonst denkt die Familie noch, sie müssten mit ihren Essenswünschen Rücksicht auf sie nehmen! Am besten nimmt sie später ein wenig Medizin aus der guten Flasche – für eine bessere Verdauung. Und bis auf Paul. Der mag nämlich lieber Spagetti statt Knödel. Sowieso findet er es viel schöner, wenn Mama kocht. Oma würzt immer so komisch. Ach ja, und Adam nicht zu vergessen – der findet die Gerichte seiner Mutter eigentlich stets ein bisschen zu reichhaltig. *„Das kannst du deiner Mutter unmöglich sagen! Sie wäre furchtbar enttäuscht."* Ja schon – aber ich wollte doch meine Ernährung umstellen. Ein paar Kilo abnehmen und so. Mutters Essen ist dafür denkbar ungeeignet. *„Abnehmen? Bei dem beruflichen Stress, den du gerade hast?"* Na irgendwann muss ich doch mal anfangen! *„Aber doch nicht heute! Am Montag musst du sowieso gleich wieder mit Kunden zu Mittag essen. Verschieb das Ganze doch einfach um eine Woche. Dann kannst du dir auch heute die leckeren Rouladen gönnen."* Stimmt. Aufgeschoben ist schließlich nicht aufgehoben.

Adam nimmt sich eine große Portion, und Oma Herta freut sich. „Ach, dein Vater hatte auch immer so einen gesunden Appetit!" Adam muss augenblicklich an dessen üppigen Kugelbauch denken und daran, dass er an Herzversagen gestorben ist. Herzversagen. Ganz wie der Papa! Und schon vergeht ihm der Appetit. Während Herr Morgenfroh Bissen um Bissen kaut, wird ihm bewusst, dass er das alles so nicht will. Er schiebt den halbvollen Teller von sich und verzichtet auf den Nachtisch. Oma Herta ist besorgt. Ob der Junge krank ist? Nach dem Abspülen freut sich Eva auf eine Pause im Liegestuhl. Doch Oma Herta ist nicht zu bremsen. Setzt sich mit einem Korb Wäsche auf die Terrasse. Faltet emsig Handtücher und Unterwäsche. „Lass doch,

Herta. Das kann ich auch heute Abend noch machen." Doch Oma Herta winkt ab. Sie hat nie gelernt, die Hände auch mal ruhen zu lassen. *„Du kannst unmöglich neben Herta im Liegestuhl faulenzen! Was sollen da die Nachbarn denken?"* Eva seufzt. Sie schreibt stattdessen die Gästeliste für die Grillparty nächste Woche. Christine, Ulla , Bernd … sie werden genau dreizehn Personen sein. Oma Herta ist entsetzt. Jeder weiß doch schließlich, dass die Zahl dreizehn Unglück bringt! Unsinn! Eva schüttelt verständnislos den Kopf. Wie kann man nur so abergläubisch sein! Sie geht nochmals die Liste durch. Entschließt sich kurzerhand, Ullas nagelneuen Bekannten ebenfalls einzuladen. Damit sind es vierzehn Gäste. Nicht, dass das eine Rolle spielen würde … aber eine gerade Zahl lässt sich ja auch viel besser am Tisch platzieren. Sie weiß noch nicht, dass Christine nächste Woche krank sein wird. Na jedenfalls gut, dass Eva nicht abergläubisch ist.

Verwundert bemerkt Eva, dass Oma Herta schon wieder in den Flur eilt und aus einem kleinen Fläschchen in ihrer Handtasche einen guten Schluck nimmt. So viel Medizin kann doch nicht gesund sein! Eva riecht heimlich an der Flasche. Schnaps! Hochprozentig!! Ach du liebes bisschen! Oma Herta trinkt heimlich! Sie eilt in die Garage. Bruno begrüßt sie mit freundlichem Schwanzwedeln.

Adam ist entsetzt. Voller Sorge. Augenblicklich will er Oma Herta zur Rede stellen. Doch Eva hält ihn am Ärmel zurück. „Jetzt bist du wirklich ganz wie dein Vater! Der wollte auch immer sofort mit dem Kopf durch die Wand!" Diese Bemerkung wirkt augenblicklich. „Aber ich verstehe das gar nicht!", schnaubt Herr

Morgenfroh frustriert. „Meine Mutter ist doch sonst nicht so labil. Kippt sich einfach den Schnaps hinter die Binde. Ich pack es nicht!" Automatisch holt er eine Zigarette aus seiner Jackentasche. Zündet sie an. Stutzt. Eigentlich hat er schon vor Monaten mit dem Rauchen aufgehört. Aber manchmal ... wenn er sich unter Druck fühlt. Im Job zum Beispiel. Oder gerade jetzt ... Er begegnet Evas Blick. „Tja, das ist wohl MEIN Schnaps", murmelt er verlegen. Hastig drückt er die Zigarette aus. „Mach dir nichts draus", tröstet ihn Eva. „bei mir ist es dafür die Schokolade. Wenn ich mich aufrege, könnte ich das Zeug pfundweise verdrücken. Was für ein Laster." „So wie dein Schuhtick!" Herr Morgenfroh grinst schief. „Du kaufst ständig neue. Obwohl du nur zwei Füße hast." Eva schaut nachdenklich. „Eigentlich gönne ich mir immer dann ein Paar, wenn ich so richtigen Frust habe." Herr Morgenfroh schaut Eva unsicher an. „DEIN Schnaps?" „MEIN Schnaps", bestätigt Eva nickend. Obwohl das mit den Schuhen sowieso nie lange geholfen hat, denn der nächste Frust kam bestimmt. Und damit auch ein neues Paar Pumps, Chucks oder Stiefel.

Plötzlich fallen ihnen unzählige Beispiele ein. Das Frustessen, wenn der Job mal wieder aufreibt. Das neue Auto, damit man sich wie ein Erfolgsmensch fühlt, auch wenn der Stress einen auffrisst. Die teuren Weihnachtseinkäufe, weil man sonst ein schlechtes Gewissen haben muss ... „Mein Chef treibt seit seiner Scheidung stundenlang Sport wie ein Besessener. Jeden Abend. Nur damit er nicht nach Hause muss. In seine leere Villa." Adam und Eva sehen sich an. „Schnaps", sagen sie wie aus einem Mund, und sie verstehen Oma Herta von

Minute zu Minute mehr. Bruno liegt in der Ecke. Schaut zufrieden. Ja, die beiden machen sich.

Es stellt sich heraus, dass Oma Herta das Fläschchen erst vor ein paar Wochen zufällig in Opa Kurts Schrank entdeckt hat – in einer Sakkotasche, beim Ausmisten. Sie hatte sich nach all den Jahren endlich dazu durchgerungen, die alten Anzüge dem Roten Kreuz zu spenden. Aber das Ganze hat sie doch sehr mitgenommen. So wie manches andere. Adam, Eva und Oma Herta misten endlich aus. Gemeinsam. Raus mit dem Müll! Was tut wem gut? Was nicht? Wo sind die Grenzen? Wo die Verletzungen? Alte … neue …

Sie machen sich, die Morgenfrohs. Darum werden sich die Dinge auch ändern. Zum Guten? Vielleicht. Wer kann das schon sagen? Das Leben steckt voller Überraschungen …

KAPITEL 11

Grillfest mit Freunden

Ein Grillfest mit Freunden im eigenen Garten – was könnte entspannender sein? Richtig! So ziemlich alles, was Ihnen spontan einfällt. Das liegt allerdings nur manchmal an den Freunden und selten am Garten. In 95,8 Prozent aller Fälle liegt es dummerweise an einem selbst. Denn egal, wie sorgfältig wir auch planen, stets plant einer ungefragt mit – Fuzzy! Der ultimative Planungsexperte. Der uns sagt, wo es lang geht. Weil er genau weiß, worauf es ankommt. Erfahrung nennt er das. Eingefahren könnte man es auch nennen. Oder festgefahren! Die Morgenfrohs sind übrigens bereits mittendrin in ihrer Grillfestvorbereitung. Heute soll alles völlig entspannt vonstatten gehen. Mit ausgewählten Freunden will man gemütlich beisammensitzen … (wer die wohl ausgewählt hat?) … gemeinsam grillen, eine Kleinigkeit trinken, fröhlich und unbeschwert sein. Wie schön. Damit das gelingt, bringt einfach jeder Gast etwas Leckeres mit. So haben die Gastgeber scheinbar kaum etwas vorzubereiten – locker und leger eben.

So eine legere Lockerheit will allerdings gründlich vorbereitet sein, findet Frau Morgenfroh. Unruhig blickt sie auf ihre Liste noch nicht abgehakter Kleinigkeiten – eine Schüssel Kartoffelsalat, ein ofenwarmer Apfelkuchen, eine Auswahl fantasievoller Dips und wärmende Decken für späte Stunden. Ach ja, und auf dem Küchentisch thront bereits ein Mount Everest aus

Deko-Utensilien, nebst einem Großglockner aus noch nicht polierten Bier- und Weingläsern. Beides hervorragend dazu geeignet, stundenlanges Kopfzerbrechen zu bereiten.

Frau Morgenfrohs Nacken schmerzt und müde ist sie auch. Aber was soll's – so ein locker entspannter Abend fordert eben Opfer. Schließlich soll er perfekt werden. Locker perfekt eben. *„Wow! Du bist wirklich ein Organisationstalent!"* Ja, das bin ich. Eva fühlt sich geschmeichelt. Und sofort schmerzt ihr Nacken nur noch halb so stark. Das wird zwar nicht so bleiben, aber wen interessiert das in diesem Moment? Für das Gefühl, ein Talent zu sein, lohnt es sich, auch mal etwas auszuhalten. *„Wunderbar! Genau die richtige Einstellung. Deine Gäste werden sich rundherum wohl fühlen."* Ja, denkt Frau Morgenfroh zufrieden. *„Oder vor Neid erblassen."* JAA!!, denkt Frau Morgenfroh deutlich euphorischer. (Aha, da kommen wir der Sache wohl schon näher.) Jetzt noch schnell die Terrasse dekoriert, die Bänder für die Tischdeko geschnitten und geknotet, die Lampions entfaltet und mit Kerzen bestückt. Da kommt ihr ein weiterer Einfall - wie wäre es, wenn sie jedem Gast einen kleinen Willkommensgruß auf den Teller legte? *„Du bist genial! Tolle Idee! Weiter so! Deine Eltern hatten Recht. Deine Lehrer auch – du bist so unglaublich kreativ!"* Das geht runter wie Honig.

JETZT fühlt Frau Morgenfroh die Ideen geradezu in sich hochsprudeln. Vielleicht auch noch ein Amuse-Gueule, überlegt sie von Kreativität übermannt. Ein locker entspanntes Amuse-Gueule selbstverständlich. Na ja – die Zeit dafür ist zwar ein bisschen knapp, aber wenn sie sich ranhält … Jemand stört in der Küchentür.

Mit einem Werk von Astrid Lindgren unterm Arm. Frau Morgenfroh blinzelt ungehalten. „Nein, Leonie! Keine Vorlesegeschichte heute! Mami muss die Party vorbereiten." *„Rabenmutter."* Ich doch nicht! *„Doch! Eindeutig!"* „Äh … Leonie …?" Der Astrid-Lindgren-Fan hebt hoffnungsvoll den Blick. Und schwupps steht er mit einem großen Stück Wiedergutmachungsschokoriegel vor der verschlossenen Küchentür. Samt den Kindern von Bullerbü. *„Süßes statt Zuwendung? Schäm dich!"*

Und Frau Morgenfroh schämt sich. Fahrig blickt sie umher. Morgen! Morgen wird sie sich Zeit für die Kinder nehmen. Gute Idee! Morgen ist sie bestimmt auch kein bisschen erschöpft und in der Küche wird auch kein Berg Geschirr auf sie warten. Und auf der Veranda kein Chaos herrschen. Morgen also. Ein guter Plan. Wo war sie noch mal stehen geblieben …? Ach ja, bei der Tischdeko.

Auch Herr Morgenfroh ist bereits in Aktion. Er befindet sich auf dem Weg zur Garage. Dort warten Biertische und Festzeltbänke auf den strahlenden Helden. Doch der Held ist verstimmt. Schon seit dem frühen Morgen übrigens. Eigentlich bereits seit gestern – genauer gesagt seit gestern Nachmittag, als er in seiner Mittagspause die Oberklasse aussaugte. Kai Blender NICHT die wohlverdiente Meinung geigte und am Abend der unhöflichen Bedienung trotz seines Ärgers Trinkgeld gab! Und an allem war Fuzzy schuld! Ständig hat er ihn ermahnt, gedrängt, zurückgehalten! Ich fürchte, Herr Morgenfroh hat mittlerweile eine kleine Rechnung mit seinem Planungsexperten offen. Noch glaubt Fuzzy allerdings, unentdeckt im Verborgenen zu agieren. Tja, auch ein Fuzzy kann sich irren …

Unser Held ist also auf seinem Weg zur Gartenpartymöblierung. Im Hintergrund brummt ein Zweitakter munter vor sich hin. *„Dein Nachbar mäht."* Das höre ich auch. *„Sein Rasen sieht besser aus als deiner."* Na und? Ich hatte eben keine Zeit zum Mähen. *„Natürlich, du hast ja völlig Recht!"* Kunstpause. *„Aber mal ganz ehrlich – die beiden Grundstücke, so dicht beieinander … da fällt schon auf, dass Euer Rasen nicht so gepflegt ist."* Herr Morgenfroh schaut genauer hin. Stimmt. So ordentlich wie beim Nachbarn ist der Rasen nicht. Vielleicht sollte er doch … zumindest um die Veranda herum …?

STOPP! Wie war das gestern doch gleich? Herr Morgenfroh erinnert sich, wie er die gesamte Mittagspause kopfüber den Fußraum saugte, nur weil sein Chef mit ihm zu einem Kunden fahren wollte. Und an das Trinkgeld, das er gegeben hat, anstelle einer tüchtigen Beschwerde. Herr Morgenfroh horcht in sich hinein. Macht sich bewusst, was er will. Eigentlich stört ihn der Rasen gar nicht. Und er spaziert gelassen weiter … Fuzzy blinzelt verblüfft. Mit DER Reaktion hat er ehrlich gesagt NICHT gerechnet. *„HE! WAS SOLL DAS? Für eine Gartenparty könntest du doch wenigstens deinen Rasen mähen! Das ist schließlich das Mindeste, was man von einem Gastgeber erwarten kann!"*

Die Bemerkung verpufft wirkungslos. Am besten noch einen kleinen Extra-Stachel hinterher. *„Was sollen denn deine Freunde von dir denken?"* Keine Ahnung. Vielleicht, dass die Steaks lecker schmecken. Sorry, aber jetzt habe ich wirklich keine Zeit, ich will noch die Bierbänke aufstellen. Sagt's und verschwindet in der Garage. Fuzzy verschlägt es ausnahmsweise die Sprache. Inzwischen hat einer der Gäste für den Abend abgesagt. Christine, die Arme, leidet unter einer Magenverstimmung und kann nicht kommen. Jetzt sind es nur noch 13 liebe Freunde. Na, wenn das mal gut geht …

Vorsichtig balanciert Frau Morgenfroh den Mount Everest aus weißen Lampions, Kräutertöpfen, Dekobändern und geriffeltem Silberdraht zur Veranda. Oho, da hat sie sich aber ordentlich etwas vorgenommen! Und mittlerweile drängt auch noch die Zeit – in eineinhalb Stunden kommen die ersten Gäste. Frau Morgenfroh will schließlich noch duschen, die Haare waschen, das Klingelschild polieren, die Treppe kurz durchwischen und eine bessere Mutter werden. Ein straffes Programm also.

Herr Morgenfroh hingegen lässt das Duschen heute ausfallen. *„Das kannst du doch nicht machen!"* Klar kann ich. Und das Klingelschild ist ihm sowieso wurscht – von der Eingangstreppe ganz zu schweigen. Zügig baut Herr Morgenfroh die Bierbänke auf. Pfeift dabei. Danach lehnt er entspannt am Gartenzaun und plaudert mit dem Nachbarn. Dabei soll er doch ein schlechtes Gewissen haben … oder wenigstens den Rasen mähen! Fuzzy ist frustriert.

Hans, der Nachbar übrigens auch – er fühlt sich reichlich einsam, seit ihn seine Frau vor drei Wochen verlassen hat. Mit dem Kanarienvogel. Obwohl der immer so schön gepfiffen hat, am Morgen. Hans wird heute Abend wahrscheinlich fernsehen. Oder sich langweilen. Vermutlich beides. Na also, Fuzzy! Da ist sie ja schon - deine nächste Chance! Herr Morgenfroh ist fast fertig mit dem Aufbau. Nur noch drei Bänke … *„He! Der Mann ist einsam. Ihr könnt doch nicht feiern und ihn* *nebenan einfach zusehen lassen!"* Herr Morgenfroh schaut zum Nachbarzaun hinüber. Horcht in sich hinein. Das kann er inzwischen ausgezeichnet. Fuzzy knirscht mit den Zähnen – doch das hilft ihm herzlich wenig. Herr Morgenfroh lässt sich auch dieses Mal nicht drängen. Und er trifft eine Entscheidung. Seine Entscheidung. Bewusst.

Frau Morgenfroh stellt ächzend den Mount Everest auf eine der Festzeltbänke. Wo ist denn Adam? Ach dort drüben, am Nachbarzaun. Komisch, warum winkt der Hans denn heute so fröhlich? Der grüßt doch sonst kaum. ADAM WIRD DOCH NICHT ETWA …?

Doch als Frau Morgenfroh geladen und entsichert am Gartenzaun anlangt, ist bereits alles geklärt – der Nachbar ist zum Grillfest eingeladen und bringt mit Freuden seinen selbstgebrannten Birnenschnaps mit. Wie nett. Frau Morgenfroh lächelt eingefroren. Na so was – so kalt ist es doch gar nicht. *„Wie konnte Adam nur! Damit ist der ganze Abend im Eimer. Hans ist schließlich ein furchtbarer Langweiler."* Auf dem Rückweg zur Terrasse macht sie ihrem Ärger Luft: „Sag mal, was hast du dir dabei eigentlich gedacht?" Adam Morgenfroh schaut verständnislos. „Wobei?" „Na, den Hans einzuladen! Der passt doch überhaupt nicht zu unseren Gästen!" Und Eva passt er auch nicht. „Das kannst du so natürlich nicht sagen." „Warum soll der nicht passen?" Herr Morgenfroh runzelt die Stirn. „Er ist doch kein Yeti." „ADAM, DAS IST NICHT WITZIG! Der verdirbt doch die ganze Partystimmung mit seinem ewigen Gerede über Fußball und Schweizer Kuckucksuhren." „DEINE Stimmung vielleicht. Meine nicht." Verärgert schnappt sich Herr Morgenfroh eins der Sitzpolster für die Bierbänke. „Soll ich vielleicht jedes Mal schriftlich bei dir anfragen, wenn ich jemanden einladen will? Der Hans ist eben einsam, seit seine Frau ausgezogen ist." „Vermutlich nicht ohne Grund", entgegnet Frau Morgenfroh spitz. Himmel! Herr Morgenfroh stellt die letzte Bierbank auf und schnappt sich verärgert die Bürste für den Grillrost. So ein Theater! Das Ganze soll schließlich eine Gartenparty werden und keine verkappte Hochzeit! *„Früher war Eva viel entspannter."* Finster bearbeitet er den Rost. *„Früher war Adam viel rücksichtsvoller."*

Die Stimmung ist gereizt. So etwas kann Herr Morgenfroh nicht leiden – dieses stumme Beleidigtsein. Ungeduldig wartet er auf sein Stichwort. Ah, da kommt schon ein Hinweis von Fuzzy: *„Der Tisch wackelt!"* Na, Gott sei Dank. JETZT kann er endlich verschwinden. Um etwas zum Unterlegen zu holen. Das dauert natürlich – das richtige Material zum Unterlegen wächst schließlich nicht auf den Bäumen. Das macht er in solchen Situationen am liebsten, sich rausnehmen aus der Feuerzone. Mit Kleinkram beschäftigten. Da macht er wenigstens nichts falsch … oder doch?

Normalerweise ärgert sich Eva daraufhin maßlos – weil sie findet, dass Adam sie damit hängen lässt. Dass er unfähig ist, das Notwendigste zu erkennen. Zum Beispiel, dass SIE Hilfe braucht – und nicht der dumme Tisch. Dass er nicht sieht, worauf es WIRKLICH ankommt. Ironischerweise denkt Herr Morgenfroh von Eva stets genau dasselbe. Wie gesagt – normalerweise. Heute jedoch nicht. Heute horcht Herr Morgenfroh erst angestrengt in sich hinein. *„Nicht schon wieder"*, denkt Fuzzy entnervt. Und Herr Morgenfroh beschließt, dass er keine Lust hat, sich rauszunehmen. „Eva, ich wollte dich nicht übergehen mit der Einladung. Aber ich fühl mich einfach schlecht bei dem Gedanken, dass Hans alleine nebenan hockt, während wir hier drüben fröhlich feiern."

Eva ist verblüfft. Dass Adam mit ihr über seine Beweggründe REDET, ist etwas völlig Neues. „Na ja", Eva lächelt zögernd, „immerhin sind es dadurch wenigstens keine 13 Gäste mehr, sondern wieder 14. Vermutlich sind wir so dem Unglück gerade nochmal entkommen." Beide müssen grinsen. Die gereizte Stimmung ist wie weggeblasen. Jetzt nur noch ein paar Handgriffe, bevor die Gäste kommen. Allerdings – das Gartenfest findet zwar im Garten statt, trotzdem darf es im Haus natürlich nicht aussehen wie bei Hempels. Also – Spülmaschine einräumen, Urlaubsprospekte wegpacken, letzte Krümel saugen ... im Vorübereilen arrangiert Frau Morgenfroh rasch noch ein paar Kissen hübsch auf dem Sofa ...

Die Kinder stürmen auf die Veranda. Bruno hinterher. Stürmen ist sein liebstes Hobby. Die drei haben Hunger. Einen Hunger, der nicht warten kann. Weil er so grauenhaft groß ist und schlechte Laune verursacht. Stopp! Finger weg vom Kartoffelsalat! Der ist schließlich fertig dekoriert. Mit Gurkenblumen und Tomatenblüten. Und den Kuchen gibt es auch erst, wenn die Gäste kommen. *„Genau! Wie sähe das schließlich aus, wenn vom Kuchen etwas fehlte?"* Nein, denkt Frau Morgenfroh entschlossen. Ich mache mich bewusst nicht wie gestern. Oder wie vorgestern. Bewusst nicht wie immer! „Kinder! Holt eure Teller!", bestimmt sie resolut. Und mit Genuss taucht Eva den Löffel in den Kartoffelsalat. Durchpflügt die kunstvolle Blumendeko aus gekochten Eiern, Gurken und Tomaten. Ruft Adam. Gibt jedem ein kaltes Würstchen in die Hand, und auch vom Apfelkuchen fehlen plötzlich vier große Stücke.

Adam schaut verblüfft. So entspannt war Eva noch nie, wenn sie Gäste erwarten. Toll! Verschwörerisch grinsen die Morgenfrohs sich an. Und sie lassen es sich schmecken. Jeder Bissen Apfelkuchen schmeckt Eva besonders lecker. Verboten lecker ... Jetzt aber rasch! Vor dem Kleiderschrank wirft Frau Morgenfroh einen bedauernden Blick auf das weite, kuschelweiche, rosarote Strandshirt. Schade, DAS kann sie auf keinen Fall anziehen! *„Eben! Darin siehst du aus, als ob euch das Geld ausgegangen wäre."* Eva seufzt. Aber das Shirt ist so wahnsinnig bequem. *„Na und? Dein Schlafanzug ist auch bequem. Hör mal – als Gastgeberin hast du auszusehen wie aus dem Ei gepellt. Einfache Feten-Regel. Verstanden? So, als ob die Vorbereitung ein Klacks gewesen wären."* War sie doch gar nicht! *„Na und? Sollen das die anderen vielleicht merken? Willst du wirklich riskieren, dass Zweifel an deinen Fähigkeiten aufkommen ...? Jetzt sei schön brav und nimm das geblümte Sommerkleid!"*

Aber Eva will nicht brav sein. Eva überlegt. Horcht in sich hinein. *„Grrr..."* Will sie wirklich unbedingt vortäuschen, dass ihr Tag absolut easy war? Und vor allem – WOZU? Damit die anderen sie bewundern? Beneiden? Eva beschließt: Das braucht sie nicht! Und zieht ganz bewusst ihr weites Strandshirt an und eine uralte Jeans, der Grillkohle nichts anhaben kann. Mit ihrer Frisur sieht sie aus wie immer. Wie Eva Morgenfroh.

Dann begrüßt sie fröhlich die ersten Gäste. Oh, wie herrlich bequem das Strandshirt sich anfühlt! Herr Morgenfroh schaut überrascht zu ihr herüber. Und hebt grinsend den Daumen in die Höhe. Bei den Morgenfrohs ist nicht alles wie geplant fertig geworden. Auf den Tischen liegen bunte Blüten aus dem Garten statt der eingekauften Deko. Aber das ahnt kein Mensch und darum ist es auch piepegal. Und dass Eva eigentlich die Haare kunstvoll aufstecken wollte, wird auch nicht Thema des Tages.

Lachend stellen die Gäste ihre leckeren Mitbringsel auf das Buffet. Alle sind gut gelaunt, keiner hatte Stress mit den Vorbereitungen. Dabei sind die mitgebrachten kulinarischen Köstlichkeiten allesamt aufwändig dekoriert und alles andere als DAS ÜBLICHE. Die Gäste dazu schick gestylt – so so, da hatte also wirklich keiner Stress? ;-)

Der Garten füllt sich immer mehr. Nachbar Hans glücklich mittendrin. Er hat einen Fußballfan gefunden. Die beiden sind ganz in ihrem Element. Überall wird erzählt und gequatscht und … nein, natürlich NICHT geschwindelt. Beschönigt vielleicht. Oder ein ganz klein wenig passend zurechtgebogen. Berufliche Höchstleistungen, heftige Rückenschmerzen … grandiose Orthopäden und erstaunliche Therapien … das neue Auto und das sagenhafte Stromanbieter-Superschnäppchen.

Da ist es nicht schick, einfach zu sagen – also wir sind mit allem ganz zufrieden. *„Natürlich nicht! Denk nach. Irgendetwas Grandioses wird dir doch hoffentlich einfallen. Nein? Also dann erzähl wenigstens vom Rafting in der Schweiz!"* Da waren wir doch noch gar nicht. *„Egal! Aber Ihr habt es zumindest vor! Also erzähl schon!"* Nö, beschließt Herr Morgenfroh. Und beobachtet gelassen die anderen. Wie sie darauf warten, im richtigen Moment einen pointierten Einwurf zu machen … zur

Versicherungsfrage möglichst NOCH Klügeres beizutragen. Entspannt beobachtet er, wie die Kohle im Grill zu glühen beginnt.

Ausreden machen die Runde – für sportliche Tiefpunkte, „Ich habe keine Zeit", „Das Wetter ist so schlecht" und abgebrochene Diäten, „Ich bin so gestresst", „Ich bin so oft eingeladen". Adam und Eva werfen sich amüsierte Blicke zu. Kosten alle Leckereien ohne schlechtes Gewissen. Schwindeln ein bisschen – ohne schlechtes Gewissen. Lachen ... leben. Bewusst – mit allen Sinnen. Fuzzy tut sein Bestes – WIRKLICH! Aber gegen „bewusst leben mit allen Sinnen" hat er leider nicht die geringste Chance.

Auch das schönste Fest neigt sich einmal dem Ende zu. „Bevor ihr geht – würdet ihr bitte alle noch kurz mit anpacken ...?" Eva lächelt süß und deutet auf die Bänke, die Polster, das schmutzige Geschirr. *Wie kannst du so etwas nur fragen! Das sind eure GÄSTE! Gäste arbeiten nicht! Gäste kommen einfach nur!"* Und wie sie alle mit anpacken! Ist doch selbstverständlich! Na ja, nicht für jeden – aber selbst die Unwilligen helfen fleißig mit. „Ihr könnt schließlich unmöglich als Einzige Nein sagen!" Wie gut, dass sie auf ihren Fuzzy hören. Zum Abschied umarmt man sich innig. Gibt Bussi. Lobt und klopft sich auf die Schultern.

„War ein ganz, gaaanz toller Abend, liebe Eva!" Beate gluckst leicht beschwipst. „Du, ich lade beim nächsten Mal auch 13 Leute ein. Ich sehe ja ... das bringt gaaanz viel Glück! Super Idee." Die Stimme entgleitet ihr ein ganz klein wenig. Tja, so eine Pfirsichbowle hat es eben in sich. „Wieso 13?" Eva guckt verwirrt. Rasch rechnet sie nach. TATSÄCHLICH! Es sind heute gar nicht 14, sondern nur 13 Gäste gekommen! Sie hat sich beim Planen glatt verzählt! So ein Glück ... oder so ein Pech? Nein – einfach nur gut so.

Apropos planen – wie geht es eigentlich unserem Planungsexperten? Nun – er rauft sich ein wenig die Haare, doch er wird sich erholen. Und wie wir ihn kennen, hat er bereits Pläne für morgen ... und übermorgen ... und für nächste Woche ganz sicher auch.

KAPITEL 12

Geschäftsessen

Ein schwieriger, aber wichtiger Kunde ist in Herrn Morgenfrohs Firma zu Besuch. Und dieser ganz spezielle Kunde ist ihm von Herzen unsympathisch. Zu laut für seinen Geschmack, zu großspurig und zu sehr bemüht, das, was er hat, mächtig zur Schau zu stellen – den großen Schlitten, die teure Rolex, das neueste Handy, … Natürlich ist der Inhaber von Prahl & Co. auch Weinkenner, spielt Golf und reist gerne an außergewöhnliche Orte – das heißt, falls er dazu kommt – denn als Firmenchef ist Hans Prahl selbstverständlich völlig unentbehrlich. Sein Begleiter, ein eifriger junger Mann mit wachem Blick und schlecht sitzendem Jackett, folgt ihm wie ein Schatten.

Nach zähen Verhandlungsgesprächen und einer Führung durchs gesamte Haus soll abends im Edelrestaurant feudal gespeist werden. Auch das noch! Herr Morgenfroh reibt sich müde die Schläfen. Die letzten drei Tage war er von morgens bis abends auf der Messe und auch heute ist er seit fünf Uhr früh auf den Beinen. Er fühlt sich erschöpft und der Sinn steht ihm beileibe nicht nach Edelrestaurant.

Ich könnte sagen, dass ich mich nicht gut fühle. *„Unsinn. Wie sieht das denn aus? Womöglich denkt dein Chef sogar, du bist nicht belastbar!"* Seufzend greift Herr Morgenfroh zum Telefon, drückt die Kurzwahltaste für seine Privatnummer und … zögert. Was, wenn er einfach behauptet, seine Frau sei krank …? *„He, was ist nur los mit dir? Jetzt reiß dich endlich zusammen! In deiner Position muss man eben ein bisschen was aushalten! Komm schon, die paar Stunden gehen auch vorüber."*

„Hallo, Eva? Du, bei mir wird es heute mal wieder später. Wir gehen noch mit einem Kunden essen und ich bin der Meinung, dass es ganz sinnvoll ist, wenn ich mit dabei bin." Eva nimmt die Nachricht locker auf, schließlich kennt sie das seit Jahren. Sie wird mit den Kindern einfach noch eine Runde Mau Mau spielen und sich danach einen jener Filme im Fernsehen anschauen, bei denen Männer sowieso nur stören. „Schade, Liebling. Aber mach dir keine Gedanken, bei uns ist alles in Butter. Lass es dir schmecken." Sie wechseln noch zwei, drei Sätze, dann verabschieden sie sich. „Gib den Kindern einen Kuss von mir." Herr Morgenfroh legt auf. Irgendwie fühlt er sich ausgeschlossen aus dem Familienleben.

Herr Morgenfroh kommt als Letzter im Restaurant an. Auf seinem Platz steht bereits der Aperitif – ein Sherry. Er mag keinen Sherry. Aber alle haben nur auf IHN gewartet. Er wägt kurz ab, reißt sich zusammen und … trinkt. Anschließend unterhält er sich mit seinem Nachbarn über Sherry und das Wetter. Der Kollege Maier, der normalerweise Rotwein nicht von Ziegenmilch unterscheiden kann, schwingt große Reden über Weinanbaugebiete in Südspanien und die dortigen Kalkböden. Aha, Google lässt grüßen. Der Weinliebhaber-Kunde ist begeistert.

Kurz darauf macht die Speisekarte die Runde. Herr Morgenfroh hat keinen rechten Hunger. Der Tag liegt ihm im Magen. Der Abend auch. Vielleicht nur eine

Suppe ...? *„Eine SUPPE? Womöglich noch Kamillentee und eine Wärmflasche? Ich bitte dich! Schau dir mal den Blender an – DER nimmt Entenbrust mit Morcheln und Sauce Bordelaise. DAS ist ein Gericht für Führungskräfte!"* Na ja, vielleicht ist eine Suppe wirklich ein bisschen zu bieder. Lustlos durchblättert Herr Morgenfroh weiter die Karte. Sein Nachbar bestellt Steinbutt auf geschmortem Gemüse. Ja, das nimmt er einfach auch. Dazu ordert man selbstverständlich den passenden Wein, obwohl Herr Morgenfroh lieber nur Wasser trinken würde. Sein Magen hört nicht auf zu rumoren. Er hätte doch die Gemüsebrühe nehmen sollen! Herr Morgenfroh schwimmt weiter in der trüben Suppe seiner trüben Gedanken – auf der Suche nach einer Rettungsinsel. Doch er schwappt lediglich gegen den Strand seines mühseligen Alltags. Zusammen mit dem Müll der vergangenen Tage ... vergangenen Wochen ... Monate ...

„He! Sitz hier nicht herum wie ein Trauerkloß! Das will keiner sehen! Zeig dich dynamisch. Oder wenigstens gut gelaunt." Mir ist aber nicht danach. *„Na und? Solche Veranstaltungen sind wichtig. Hier wird's persönlich, hier wird's privat ...! An SOLCHEN Tagen kannst du Punkte machen. Also reiß dich gefälligst zusammen!"* Und Herr Morgenfroh reißt sich zusammen.

Vom Wein also zum weinseligen Gespräch über Frankreich und Italien bis hinüber zum Urlaub. Man erfährt, mit welch Extremen die Leute die schönste Zeit des Jahres angeblich verbringen – extrem abenteuerlich, extrem ungewöhnlich, extrem expensiv. Normal ist offenbar out. Kollege Eifer schwärmt begeistert vom geplanten Kitesurfen auf den Malediven. Seltsam –

Herr Morgenfroh mustert ihn erstaunt von der Seite. Hat er nicht vor Kurzem erzählt, er fahre mit seiner Frau und den Kindern an den Gardasee? Und Blender setzt noch einen obendrauf. Er macht dieses Jahr Urlaub auf dem Holzfloß. Mit diesem Mut zur Schlichtheit gilt er auf der Stelle als kerniger Individualist und erntet neidvolle Blicke. Hans Prahl ist begeistert.

Kollege Maier ruft über den Tisch: „Sag mal, Adam, fährst du eigentlich immer noch in die Alpen zum Drachenfliegen?" „Gelegentlich." Die Wahrheit sieht gänzlich anders aus. Herr Morgenfroh hat mit dem Drachenfliegen schon vor Jahren aufgehört, als Leonie zur Welt kam. Ihm war der Sport irgendwann einfach zu riskant geworden. Am Ende bekam er sogar regelrechte Schweißausbrüche vor dem Starten. „Tolles Hobby", dröhnt Hans Prahl bereits und beugt sich zu Herrn Morgenfroh hinüber. „Bin selbst jahrelang geflogen. Das ist nur was für echte Kerle, was, Morgenfroh?" Er klopft ihm kräftig auf die Schulter. Dass er eigentlich gar kein „echter Kerl" mehr ist, verschweigt Herr Morgenfroh lieber.

Der Steinbutt kommt. Die beiden Chefs (und NUR die Chefs) lassen sich über die schlechte Arbeitsmoral mancher Arbeitnehmer aus. Hans Prahl hat schon einige Extreme erlebt – Mitarbeiter ohne Ehrgefühl, ohne Moral und gänzlich ohne Arbeitswillen. Aber mit DENEN ist er problemlos fertiggeworden. Herrn Morgenfrohs Chef weiß davon ebenfalls ein Lied zu singen. Auch er macht mit unwilligen Mitarbeitern kein Federlesen. Herr Morgenfroh muss an den langjährigen Lageristen denken, der damals einfach die Kündigung erhielt, als er nach fünfzehn Firmenjahren dreimal hintereinander krank wurde. Rausschmiss, Abfindung, erledigt. Tja, wer am längeren Hebel sitzt ... Herr Morgenfroh isst mit wenig Appetit vor sich hin.

Der Burgunder ist exquisit. Der Zuspruch eifrig. Die Zungen lockern sich. Die Gespräche werden süffisanter und politisch angehaucht. *„Vorsicht! Bloß nichts Falsches sagen."* Natürlich nicht. Aber was ist das Falsche? Sicherheitshalber teilt Herr Morgenfroh die Meinung des Chefs. Kollege Eifer dagegen ist nicht ganz so vorausschauend. Alkoholisch motiviert vertritt er die Gegenseite. Ein Fehler, den er erst morgen erkennen und übermorgen heftig bereuen wird.

Im Laufe des Abends wird man persönlicher. Plaudert über das Studium des Sohnes, die Talente der Tochter, die Rolle der Ehefrau. *„Psst. Hör erst mal, wie Chef und Kunde ihre Familien so managen. Danach kannst du deine eigene Version ja ein bisschen zurechtjustieren."* Das wird auch nötig sein, denn die Ansichten der beiden Abendleader decken sich kaum bis gar nicht mit denen von Herrn Morgenfroh. Na dann viel Spaß beim Justieren! Für Chef und Kunde steht außer Frage, dass Kinder nach der Schule ins Ausland gehören, um Erfahrungen zu sammeln. Das lässt man sich einiges kosten. Genauso wie die Ausbildung selbst, denn natürlich kommt für die kindliche Laufbahn nur das Abitur infrage. Talent spielt hierbei keine Rolle, die teure Privatschule wird das Kind schon schaukeln. Ab an die richtige Schule also, zu den richtigen Freunden, für das perfekte Netzwerk – kurz RPRT (Right Place In The Right Time). Oder noch kürzer – MT (money talks).

Herr und Frau Morgenfroh haben für Pauls Zukunft eine nette Realschule ins Auge gefasst. Eine, in der Integration großgeschrieben wird und in der sich Kinder wie Lehrer gleichermaßen wohl fühlen. *"DAS wirst du hier hoffentlich für dich behalten!"* Natürlich! Ich bin ja nicht blöd. *"Aber nur stumm herumsitzen ist auch nicht das Richtige. Sag mal, habt ihr nicht auch einen Blick auf die Privatschule in eurer Nähe geworfen?"* Ja schon, aber ... *"Dann erwähne das doch mal!"* Das war ein Gymnasium! Paul ist aber kein Gymnasiumkind. *"Na und? Das musst du ja nicht gleich schreiend auf dem Marktplatz verkünden. Außerdem kann sich das alles noch ändern. Ihr hattet doch noch kein Lehrer-Eltern-Gespräch."* Stimmt, das hatten wir noch nicht ... *"Siehst du. Vielleicht gehört Paul ja doch zur Elite."* Tja ... das wäre natürlich möglich ... entschieden ist tatsächlich noch nichts ...

Herr Morgenfroh erwähnt also beiläufig das Privatgymnasium. Und sofort ist er einer von den Guten, denn auch der Sohn des Chefs war bereits dort, und Blenders Tochter besucht die Schule ebenfalls seit letztem Sommer. Ja dann. Herr Morgenfroh überlegt plötzlich ernsthaft, ob er für Paul nicht auch einen Platz dort reservieren soll.

In der Chefetage, so erfährt der geneigte Zuhörer weiter, hält die optimale Gattin ihrem Mann übrigens den Rücken frei. Selbstverwirklichung strebt sie nur an, wenn Mann, Kinder und Haus nicht darunter leiden. Hm ... Herr Morgenfroh runzelt die Stirn. Passt er da ins Bild? Eigentlich nicht. Evas Spagat zwischen Job und Beruf geht nicht spurlos an der Familie vorüber. Aber der Beruf gibt Eva Anerkennung. Eigenes Geld. Eigene Möglichkeiten. Die Morgenfrohs diskutieren oft darüber. „Mein lieber Morgenfroh, was macht Ihre Frau denn so?" Er wählt seine Antwort klug. „Meine Frau arbeitet halbtags bei einem Zahn..." *„Implantologe klingt besser."* „Ähm ... Implantologen. Das ist ihr Ausgleich", hört er sich lässig fortfahren. „Den braucht sie einfach." Lacht. Zwar war Eva gestern Abend völlig fertig, und wie sie das mit den Herbstferien organisieren soll, weiß sie auch noch nicht, aber ... *„... so schlimm ist es ja nicht immer."* Genau. Außerdem ist Leonie Klassenbeste (in Religion) und Eva Vorsitzende der örtlichen Eltern-Initiative. Die Elite spendet lobend Zuspruch. Jawohl! Solche Führungskräfte will man haben! Mit Familien, bei denen alles rund läuft. Das Amt der Vorsitzenden ist zwar bei Eva nur deshalb gelandet, weil kein anderer Lust dazu hatte (Eva übrigens auch nicht – aber jemand muss es ja machen), aber das braucht er schließlich keinem auf die Nase zu binden.

Die Teller sind leer gegessen. Ab in die Raucherpause, um die Sinne zu vernebeln. Die eigenen ... die der anderen ... egal. Im Grunde verständlich, im Nebel sieht schließlich alles gleich viel netter aus. Zumindest, bis sich der Nebel lichtet. Dann meist nicht mehr. Aber bis dahin ... Herr Morgenfroh will lieber Klarheit haben. Für seine Lungen, für seine sieben Sinne. Und schließlich hat er mit dem Rauchen vor einiger Zeit aufgehört. Genauer gesagt vorgestern. Eisenhart hat er bisher durchgehalten. Seine Finger ertasten eine angebrochene Zigarettenpackung in der Jackentasche. Energisch drückt er sie tiefer. Diese Krücke braucht er nicht mehr.

„He, Morgenfroh. Sitz nicht da wie festgefroren. Komm schon, alter Knabe!" Siehst du! Die mögen dich. Sie wollen dich dabei haben! Herr Morgenfroh zögert. Na ja, ein bisschen frische Luft würde ihm sicher guttun.

Vor der Tür begrüßt ihn Tabakqualm und ein gut eingespieltes Raucherteam. Es bleibt seiner Rolle eisern treu – keine Ausreißer, keine Schwächen im Hauptfeld –, bereit für die Königsetappe! Die Gruppe öffnet sich wie selbstverständlich für Teamkollege Morgenfroh. Nimmt ihn in ihrer Mitte auf. Jeder kennt seinen Platz. Herr Morgenfroh auch. Einigkeit. Gemeinschaft. Für den Moment ein starkes Gefühl. *„Wie du dazu gehörst! Ähh, WIR dazugehören. Einfach klasse! Fühlt sich toll an, oder?"*

Der Geruch nach Tabak zieht verführerisch durch die Luft. *„Wenn du jetzt noch mitrauchen würdest ... dann wärst du so RICHTIG einer vom Team."* Doch Herr Morgenfroh bleibt eisern. Unterhält sich mit Maier. *„Hallo! Du könntest eine Ausnahme machen ..."* Unterhält sich immer noch mit Maier. *„Komm schon. Du musst doch nicht ausgerechnet in so einer stressigen Phase das Rauchen aufgeben."* Fühlt den Stress. Fühlt die Versuchung. *„Gönn dir noch mal eine letzte. Eine Allerletzte!"* Tastet vorsichtig nach der Zigarettenpackung. *„Na los! Eine Zigarette ist ja nicht die Welt. Du kannst doch auch morgen noch mit dem Aufhören anfangen."* Stimmt. Morgen ist auch noch ein Tag. Hastig zieht Herr Morgenfroh die angebrochene Packung aus der Tasche. Fahrige Hände. Das Feuerzeug klickt. Erleichterung. Tiefe Atemzüge ... Doping für die Strecke, die noch vor ihm liegt.

Mist! Jetzt hat er doch wieder versagt! *„Ja. Du bist eben schwach."* Die Zigarette schmeckt fahl. Sie schmeckt nach Versagen. Plötzlich taucht Prahlhans' Schatten hinter ihm auf. „Entschuldigung, darf ich kurz vorbei? Ich habe meine Zigaretten im Auto vergessen." „Nehmen Sie doch eine von meinen." Herr Morgenfroh streckt ihm die Packung entgegen. „Ich habe bemerkt, Sie rauchen dieselbe Marke." „Oh danke." Der Schatten bedient sich erfreut. „Ist mein erster Außendiensteinsatz heute." Er grinst. „Ich bin erst seit zwei Monaten fertig mit dem Studium – Wirtschaftswissenschaften." „Gratuliere." Herr Morgenfroh nickt wohlwollend.

Erneut spürt er die Müdigkeit und gähnt verstohlen. „Verzeihung, aber mir stecken immer noch die Messetage in den Gliedern." „Kenne ich." Der Schatten nickt. „Bei mir wird es auch eine kurze Nacht. Ich muss mit Herrn Prahl morgen schon wieder um 9 Uhr früh am Berliner Funkturm sein." Herr Morgenfroh zeigt sich mitfühlend. „Tja, viel Schlaf wird das nicht werden. Aber mit dem Flugzeug sind Sie ja in gut einer Stunde dort." „Oh, wir fliegen nicht. Herr Prahl verträgt große Höhen nicht. Dabei bekommt er immer furchtbares Herzrasen. Schon seit seiner Kindheit. Echt übel. Wo er doch so oft reisen muss." Herr Morgenfroh schweigt verblüfft. Sofort fällt ihm Prahls großspuriges Gerede ein ... Drachenfliegen ... echte Männer – DAS also war davon zu halten. Angeber. *„Na, na, Herr Morgenfroh – wer im Glashaus sitzt ..."*

Herr Morgenfroh fröstelt. Geht zurück ins Restaurant. Dort setzt er sich auf seinen Platz. Hängt seinen Gedanken nach. Aus Gewohnheit legt er die Handfläche unter den Kelch des Weinglases. Schwenkt es leicht hin und her. Wartet, bis der Bordeaux sich wieder beruhigt. Um ihn herum Gespräche ... Geschirrgeklapper ... ab und zu lautes Gelächter. Seine Augenpartie spiegelt sich im sanft schwappenden Rotwein. *„Was für eine Farce!"* Ja. Was für eine Farce. *„Und du mittendrin."* Ich kann mir weiß Gott auch etwas Schöneres vorstellen! Die anderen unterhalten sich offenbar gut gelaunt. Obwohl Kollege Eifer ein wenig blass aussieht. Auch sein Lächeln wirkt nicht ganz echt. Maier am anderen Ende des Tisches zeichnet gerade einen großen Kreis mit den Händen in die Luft. Sagt etwas dazu. Alle lachen.

Ja, er ist wirklich zum Lachen, dieser große, aufgeblähte Ballon, den alle mit sich herumtragen. Ein Ballon aus Halbwahrheiten und erfundenen Geschichten. *„Ganz wie bei dir."* Herr Morgenfroh will protestieren. Lässt es bleiben. Wogegen auch? Seine persönliche Meinung, sein Privatleben ... alles, was er heute Abend zum Besten gegeben hat, das hatte doch wenig bis gar nichts mit der Realität zu tun! Er ist lediglich mitgeschwommen, um „scheinbar" nicht unterzugehen. Wollte dazugehören, um Gehör zu finden. Wie fühlt sich das an? Kalt fühlt es sich an. Herr Morgenfroh fröstelt, trotz der Wärme im Restaurant. Plötzlich hat er das Gefühl, zu einem Kreis „Gleichgesinnter" zu gehören, zu dem er eigentlich gar nicht gehören möchte. Plötzlich taucht die Frage auf: „Wo ist die Macht ...?"

Hans Prahl setzt sich gut gelaunt auf den leeren Stuhl neben Herrn Morgenfroh und klopft ihm vertraulich auf die Schulter. Macht eine anerkennende Bemerkung über sein Verhandlungsgeschick. Herr Morgenfroh bedankt sich. Blickt den „echten Kerl" unbehaglich an. Worüber soll er mit ihm reden? Was soll er ihm mitteilen? Ist doch sowieso alles nur Show, Sho..., SCH... Herr Morgenfroh ist genervt.

Der Kunde macht anrüchige Bemerkungen über die propere Bedienung. Herr Morgenfroh kennt die junge Frau. Sie hat zwei kleine Kinder, ist immer freundlich und fleißig. Hans Prahl vertritt die Ansicht, dass nur bedient, wer nichts Besseres kann. Herr Morgenfroh ist müde. Müde weil der Tag kein Ende nimmt. Der dümmlichen Bemerkungen überdrüssig, des Verstellens überdrüssig. Er sagt, wonach ihm ist: Dass diese junge Frau seiner Meinung nach einen deutlich anstrengenderen Beruf habe, als jeder andere hier am Tisch. Und dass er höchsten Respekt vor dieser Leistung habe. Das sitzt. Ernüchterndes Schweigen.

Der Prahlhans murmelt etwas von „"… habe mein Glas vorne vergessen …" und entfernt sich hastig. Fast hat sein Verschwinden etwas von Flucht. Als wolle er sich in Sicherheit bringen. Aber Sicherheit ist oft trügerisch. Und ob er sie finden wird, bleibt ungewiss. Doch muss das nicht Herrn Morgenfrohs Sorge sein. Seine Sorge könnte eine gänzlich andere werden, denn sein Chef steht in der Nähe. Fixiert ihn. Er hat alles mitbekommen. Egal, denkt Herr Morgenfroh, es fühlt sich RICHITG an. *„Wow, was war DAS denn?"* Herr Morgenfroh ist ebenfalls erstaunt. Über sich selbst. Über seinen Mut. Er spürt in sich hinein. Prüft, wo jetzt die Macht ist.

Die Macht ist bei IHM. Er hat doch tatsächlich agiert – nicht reagiert. Er fühlt sich innerlich stark und irgendwie frei. Er bestellt einen Kräutertee. Sein Tischnachbar guckt verwundert. Macht einen Scherz. Herr Morgenfroh grinst und genießt den Tee. Er wärmt und tut gut. Herr Morgenfroh verabschiedet sich früher als üblich. Ohne Erklärung. Einfach so. Prüft erneut, wo die Macht ist. Die Macht ist bei IHM. Einige am Tisch sind verwundert. Andere bewundern ihn; heimlich. Ihm ist das egal. Er ist zufrieden.

KAPITEL 13

Qualitätssicherung

Dieses Kapitel entfällt aus Sicherheitsgründen. Schließlich ist die 13 eine Unglückszahl. Man weiß also nie, was einen erwartet.

Allerdings, man weiß auch sonst nie, was einen erwartet ... Und wer ist MAN überhaupt?

KAPITEL 14

Familien – ein Fest der Regeln

Cousin Dietmar wird ein halbes Jahrhundert jung. Gefeiert wird im Sternelokal – schließlich wird man nur einmal fünfzig. Natürlich wird man auch nur einmal einundfünfzig oder gar vierundachtzig (wenn überhaupt), aber fünfzig ist eben für viele eine magische Zahl – vielleicht die Mitte des Lebens, so hofft man. Und der Beginn jener Tage, an denen man endlich die Früchte vergangener Jahre ernten könnte, wenn man gedanklich nicht wieder mit den alten Denkmustern beschäftigt wäre. Selbstverständlich sind die Morgenfrohs mit von der Partie.

Haben sie auch an alles gedacht? Das passende Geschenk, die passenden Worte, das passende Outfit? Ein kurzer Rundumblick. JA, alles richtig gemacht! Kleid und Krawatte sind auffallend (nicht zu sehr selbstverständlich), die Kinder stylisch, der Präsentkorb groß genug und die Weine ausreichend erlesen. Obwohl es Herrn Morgenfroh ein klein wenig fuchst, dass man dem Bordeaux cuvé seinen stolzen Preis so überhaupt nicht ansieht. Aber Cousin Dietmar ist schließlich Weinkenner – zumindest ER wird den exquisiten Tropfen einzuordnen wissen.

Im Edellokal wartet bereits die halbe Verwandtschaft. Will dem Geburtstagskind gratulieren. Vetter Matthias samt Frau Daniela schleppen ächzend einen Präsentkorb herbei! Schon der fünfte heute. Herr Morgenfroh hebt die Augenbrauen – hm ... der Korb des Cousins ist größer als ihrer. Und das, obwohl Matthias nicht einmal sonderlich gut verdient. *„Das gibt es doch nicht! Also wenn DIE wirklich mehr schenken als IHR ..."* Besorgt wirft Herr Morgenfroh einen Blick auf den Korbinhalt. Marmelade, Kräuteröl und Birnenschnaps – alles selbstgemacht. *„Nur Hausgemachtes. Na bitte. Alle Aufregung umsonst."* Und schon fühlt sich Herr Morgenfroh wieder obenauf. *„War aber eigentlich auch klar. Warum hätte Matthias mit seinen fünf Kindern und der schlecht bezahlten Stelle schließlich auch ..."*

Er begrüßt den Vetter ganz besonders herzlich. Gibt ihm weltmännisch ein wenig von seinem Glanz ab – den Glanz von einem, der es geschafft hat ... oder auch nicht – das kommt schließlich ganz auf den Standpunkt an. Großtante Sofie überreicht dem Geburtstagskind ein verschlossenes Kuvert – dessen Inhalt natürlich jeder kennt, denn sie schenkt stets die gleiche Summe. Gerechtigkeit ist Sofie wichtig. Obwohl ihre magere Rente so viel Gerechtigkeit eigentlich gar nicht verträgt. *„Aber das soll nur ja keiner wissen! ... Bloß nicht blamieren!"*

Und dass Onkel Günter wieder etwas Originelles schenken wird, ahnt auch bereits jeder. Das ist er schließlich seinem Ruf schuldig – kreativ und selbstgemacht ist stets sein Motto. Und richtig! Mit seinen Söhnen schleppt der gute Onkel eine selbstgeschreinerte, handbemalte Gartenbank herein. Alle klatschen begeistert. „Für ruhige Tage", verkündet der Kreative laut lachend. Und er erwähnt nicht, dass er viel lieber einen Präsentkorb geschenkt hätte. Einen, den er fix und fertig morgens beim Metzger oder beim Schuster oder sonst wo

– egal – eben einfach fertig hätte abholen können. Stattdessen ist er selbst fertig. Fix und fertig. *„Aber das soll nur ja keiner wissen! ... Bloß nicht blamieren!"*

Der Geburtstagstisch füllt sich. Mit dem Wochenendgutschein der Tenniskumpel, dem Zimmerbrunnen von Regina und vielen anderen spannenden Präsenten – darunter auch die edle Designeruhr von Tibor Morgenfroh. Der junge Aufsteiger arbeitet schließlich für ein begehrtes Uhrenlabel – einen Job, um den er oft beneidet wird. Oder bewundert. Ganz nach Sympathie des Betrachters. Er kann sich natürlich nicht lumpen lassen (könnte er natürlich schon) – obwohl ihn die Uhr kaum weniger kostet als im Laden – und das Unternehmen gerade in einem Tief steckt – er deshalb seit einem Jahr auf einen Teil seines Gehalts verzichtet – und wegen des Uhrenpräsents extra den Kundendienst am Auto verschoben hat. Auf nächsten Monat. Wenn er wieder flüssiger ist. *„Aber das soll nur ja keiner wissen! ... Bloß nicht blamieren!"*

„Heiße Uhr, Tibor!" Jemand klopft dem jungen Mann anerkennend auf die Schulter. Das Geburtstagskind streift das gute Stück sogar gleich übers Handgelenk. Die Umstehenden blicken neidisch ... bewundernd – nein, nicht auf das Geburtstagskind, sondern auf Tibor Morgenfroh. Der ist fest entschlossen, den Augenblick zu genießen. Schließlich hat er dafür den Kundendienst verschoben. Sich verstellt. Sich verbogen. Na hoffentlich hat sich das gelohnt.

Der hochpreisige Korb der Morgenfrohs steht bereits irgendwo auf dem überfüllten Geburtstagstisch – zwischen anderen hochpreisigen Körben. Eigentlich sehen alle irgendwie gleich aus, findet Herr Morgenfroh freudlos. *"Siehst du, ich habe es ja gleich gesagt – zwei, drei Flaschen weniger vom teuren Rotwein hätten es auch getan."* Und schon ärgert sich Herr Morgenfroh ein wenig. Hm ... eigentlich schade, dass das Schenken so gar keinen Spaß macht.

Und schade, dass es auch genauso weiter geht. Denn Herr und Frau Morgenfroh stehen unter Strom. Logisch, denn auf Familienfesten gibt es klare Regeln. Wie man geht ... wie man steht ... was verpönt ist und was gerne gesehen wird. Gabel-Weitflug zwischen den Tischen gehört eindeutig nicht dazu. Herr Morgenfroh packt Paul und Leonie energisch am Ärmel und sagt ihnen ein paar deutliche Worte. Die beiden Gabelweitflugmeister setzen sich mürrisch auf ihre vier Buchstaben. Kramen ein Kartenspiel hervor. So, jetzt sind sie beschäftigt. Oma Herta auch. Sie MUSS UNO spielen! Zwanzigmal hintereinander. Bis das Essen kommt.

Und WAS da für ein Essen kommt! Wow! Ausgefallenes aus Pazifik und Atlantik. Dazu Gemüseschaum an Dill-Kartoffelklößchen. Alles übersichtlich angeordnet. Das Ganze in zartem Dialog mit drei handverlesenen Gewürzbohnen. So richtig satt wird keiner. Dafür hat jeder was fürs Auge. Auch schön. Die Gespräche folgen den üblichen Regeln. Man macht sich höflich. Paul und Leonie machen sich nicht ganz so höflich. Gemüseschaum ist „eklig" und Paul will lieber Pommes statt Fisch. Doch Meckern übers Essen auf Familienfesten ist ein absolutes „NO GO". Schließlich lässt sich der Gastgeber den Tag einiges kosten. Tante Sofie schaut konsterniert herüber. Schiebt Paul resolut den Teller unter die Nase. „Gegessen wird, was auf den Tisch kommt, junger Mann!" Prompt streckt Paul ihr die Zunge heraus. Tantchen schnappt nach Luft. Eva auch. *"Oje, garantiert glaubt Tante Sofie jetzt, dass du bei der Erziehung völlig versagt hast!"*

Richtig geraten. Tante Sofie ist empört. „Also zu meiner Zeit hat es so etwas nicht gegeben!" Stimmt. Zu Tante Sofies Zeiten aßen Kinder noch das, was oben eingefüllt wurde. Frau Morgenfroh blickt über ihr Weinglas hinweg hilfesuchend zu Adam hinüber. DEINE Tante – scheint sein Blick zu sagen. Tante Sofie ergreift energisch Evas Arm. „Du musst bei den Kindern viel härter durchgreifen, meine Liebe. Sonst lernen sie nie, wie man sich bei Tisch benehmen muss."

Stimmt, denkt Eva. Womöglich lernen die beiden dann tatsächlich nie, dass man aus Höflichkeit auch Dinge essen muss, von denen einem schlecht wird. Frau Morgenfroh spürt Gelächter in sich aufsteigen. Unterdrückt es. Fängt Adams verwunderten Blick auf. So lässig kennt er Eva sonst nicht. Normalerweise ist Tante Sofie ihr persönliches rotes Tuch. Eva macht sich gleichmütig. Tante Sofie darf ruhig denken, was sie will. Eva denkt schließlich auch, was sie will.

Herr Morgenfroh findet die Reaktion seiner Frau richtig gut. Nur mit halbem Ohr lauscht er Langweiler Edgar. Versucht dabei, sein Besteck nicht durcheinanderzubringen. Warum eigentlich? Ach ja, damit er als weltgewandt gilt. Herr Morgenfroh runzelt die Stirn. Wofür zum Kuckuck war noch mal diese dritte Gabel? Tante Sofie jedenfalls ist beleidigt und Langweiler Edgar voll in seinem Element. Haarklein berichtet er Herrn Morgenfroh von der ältesten Tochter eines Bekannten, deren Nachbar mit dem Lehrer eines Freundes und dessen Hund gemeinsam im Harz, oder war es im Schwarzwald ...? *"Jetzt lächle doch mal! Sonst denkt Edgar womöglich noch, du kannst ihn nicht leiden."* Ich kann ihn nicht leiden! *"Dann tu wenigstens so, als ob! Das gehört sich schließlich so. Außerdem nimm nicht das letzte Kartoffelklößchen aus der Schale – das sieht gierig aus!"*

Es folgt ein lobgeschwängerter, langer und erschöpfender Toast auf das Geburtstagkind. Wo zum Kuckuck steckt Paul? Der Ober beginnt bereits dezent die Tafel abzuräumen. Teller und Besteck sind schon weg. Herrn Morgenfroh knurrt der Magen. Das letzte Kartoffelklößchen starrt ihn herausfordernd an. Am liebsten würde er es mit den Fingern aus der Schüssel herausklauben und mit einem einzigen, riesigen Bissen ... *"Bist du verrückt? Was sollen die Leute von dir denken?"*

Stimmt. Schließlich ist das hier ein Edellokal. Alles ist edel. Sogar der Ober. Die Gäste lauschen derweil dem schleppenden Vortrag mit mühsamer Fröhlichkeit. Der edle Ober kommt immer näher. Und näher. Schwupps. Herr Morgenfroh nimmt das letzte Kartoffelklößchen mit den Fingern aus der Schale. Gerade noch rechtzeitig. Er steckt es hastig in den Mund. Tante Sofie schaut entrüstet. Herr Morgenfroh kaut unverdrossen weiter. Tante Sofie sieht strafend in eine andere Richtung. Macht nichts, denkt Herr Morgenfroh. Mit der Art von Strafe kann er gut leben.

Dann der Nachtisch, ein verschämter Klecks Vanillemousse auf einem Bett aus exotischem Fruchtsalat in Fußnagelgröße. Herr Morgenfroh knurrt immer noch der Magen. Ob die exotische Dekoration auf dem Teller wohl essbar ist? Leonie jammert. Warum muss sie das „doofe" Vanillemousse essen, wenn auf der Speisekarte doch auch Schokoladeneis steht? Ein berechtigter

Einwand. Doch Schokoladeneis ist nun mal nicht Teil des Geburtstagsmenüs. Wie gut, dass auch das schönste Essen einmal vorübergeht.

Nun beginnt der gemütliche Teil des Nachmittags. Leonie ist der erklärte Liebling aller Tanten - bis sie sagt, was sie denkt. Dann nicht mehr. Paul und Leonie sind sich einig – das Lokal ist todlangweilig! Überall sitzen vornehme Leute, die reden und reden. Herumrennen darf man nicht. Klettern darf man nicht. Vorhandensein irgendwie auch nicht. Und immer nur UNO spielen ist soooo ... etwas von fad! Noch dazu regnet es draußen in Strömen. Paul und Leonie machen lange Gesichter. Irgendwie tun Adam und Eva die Kinder leid. Nichts an diesem Abend macht ihnen wirklich Freude. Essen sollen sie, obwohl es ihnen nicht schmeckt. Höflich antworten, obwohl die anderen dumme Fragen stellen. Still sein. Artig sein. Jemand anders sein eben. Hm ... eigentlich ... geht es ihren Eltern da keinen Deut anders. Aber ob DIE das schon bemerkt haben?

Der wortgewaltige Peter kommt an den Tisch. Reißt das Gespräch an sich. Im Handumdrehen weiß jeder, dass sein neuer Porsche nächste Woche geliefert wird – aber nicht wie bestellt, sondern mit den falschen Ledersitzen. Oje, der Arme. Und das Luxusferienhaus in Österreich war auch nur äußerst mühevoll und mit ganz viel Beziehungen zu ergattern. Außerdem verdirbt ihm sowieso das Finanzamt hinterher stets die ganze Freude. Aber Gott sei Dank hält Peter sich für großartig, gewieft und einen Mann der Innovation.

„Der ist ja schlimmer als der Blender!" Herr Morgenfroh seufzt. Diese Art Leute trifft man wohl leider überall. Dabei hat er gerade einmal NICHT an die Firma

gedacht. Die Wirkung lässt nicht lange auf sich warten. Bereits nach kurzer Zeit fühlen sich die Morgenfrohs erschlagen von dessen Phrasen. Erschlagen von dessen Müll im Kopf, von dessen Müll im Besitz. Nach weiteren zähen Minuten des scheinbar aufmerksamen Zuhörens und einigen Blickkontakten zwischen den Morgenfrohs breitet sich der Reiz der Heiterkeit aus. Den aufkommenden Lachanfall zu unterdrücken kostet wahrlich Kraft und Nerven. Paul und Leonie sind da deutlich ungezwungener. Sie kichern heftig drauflos. Hastig bringen die Morgenfrohs die beiden „Störer" nach draußen. Auch Adam und Eva tut die frische Luft gut. Familienfeste sind immer furchtbar anstrengend.

Es regnet noch immer. Paul und Leonie rennen im Schweinsgalopp quer über die überdachte Veranda. Endlich nicht mehr eingesperrt! Herr und Frau Morgenfroh schauen sich an. „Himmel, habe ich einen Hunger", flüstert Frau Morgenfroh. „Ich auch", flüstert Herr Morgenfroh zurück. „Und ich erst", flüstert eine kleine Stimme von schräg unten. Leonie blickt mit großen Augen zu ihren Eltern empor.

Herr Morgenfroh zieht klimpernd den Autoschlüssel aus der Hosentasche, zwinkert kurz. „Los kommt." „Adam ...?" Frau Morgenfroh blinzelt verständnislos. Adam grinst. „Sagt mal, Kinder – ist hier in der Nähe nicht dieser fabelhafte Indoor-Spielplatz?" Paul und Leonie blinzeln. Und jubeln begeistert. Frau Morgenfroh hebt hilflos beide Hände. „Aber Adam, wir können doch nicht einfach ..." „Klar können wir." Bestätigt Herr Morgenfroh. „Dort gibt es übrigens auch Pommes und Hamburger."

Frau Morgenfroh lacht, schüttelt hilflos den Kopf. Sie lässt sich einfach mitziehen. Hat plötzlich das Gefühl, etwas äußerst Verbotenes zu tun. Es fühlt sich an, als würde sie die Soße des Desert hingebungsvoll aus dem Teller schlucken oder den Satz des Espressos mit dem kffeelöffel herzhaft auslöffeln.

„Wie bitte? Sie sind sich sicher, dass „kffeelöffel" so nicht im Duden steht? Desert auch nicht? Ja, Sie haben Recht. Laut Duden wird Kaffeelöffel völlig anders geschrieben. So ist nun mal die Regel. Andererseits – warum eigentlich? Konnten Sie denn nicht alles einwandfrei lesen? Warum eigentlich wollen Sie diese Regel dann unbedingt haben? Weil sie ein ungutes Gefühl beim Lesen überkommen hat? Weil Ihnen die Ordnung fehlt? Also für MICH war es viil leichter eifach draufloszutipn und die Korrektur in dem Widn zu schreiben. Was denken Sie? Sollte ich IHNEN die Macht überlassen? Die Macht zu entsheiden, wie ICH schreiben darf? Weil Sie es besser Wisser?"

Fröhlich, satt und ausgeglichen kommen die vier pünktlich zum Abendprogramm wieder. Dass Mama und Papa SO etwas machen! Das hätten sie NIE gedacht! Cool!!! Auch sonst hätte das wohl keiner gedacht. Doch die Morgenfrohs machen sich. Machen sich immer mehr. Machen sich bewusst. Machen sich zufrieden. Machen sich aber auch verletzlich, denn wer weiß, was für Folgen ihr Verhalten haben wird – schließlich sind sie jetzt Regelbrecher. Andererseits … Regeln einzuhalten hat schließlich auch so seine Folgen. Andere eben. Die Morgenfrohs blinzeln sich über den Tisch hinweg verschwörerisch zu. Haben gute Laune und verbreiten sie auch. Was für eine nette Familie, denken die Tanten. Was für reizende Kinder, denkt Onkel Dietmar. Was für eine Frechheit!, denkt Tante Sofie und ärgert sich aus vollem Herzen. Genießt ihren Ärger. Suhlt sich darin. Bravo, Tante Sofie! Du machst dich.

KAPITEL 15

Das bin ich mir wert!

„Heute?" Frau Morgenfroh lächelt ihrem Mann aufmunternd zu und zupft seine dezente Krawatte zurecht. Eigentlich trägt Herr Morgenfroh den Hemdkragen lieber offen ... „Heute!" Herr Morgenfroh nickt resolut und nimmt die schwarzen Schuhe aus dem Regal. Heute ist der Tag, an dem er über sein Gehalt verhandeln will. Schließlich wurde sein Aufgabengebiet größer. Seine Verantwortung auch. *„Wirklich HEUTE? Bist du denn optimal vorbereitet?"* Hm ... schon spürt Herr Morgenfroh ein nervöses Kribbeln im Bauch. Eine Brise Wissen. *„Und was, wenn dein Chef Nein sagt? Das trübt doch eure Beziehung!"*

Das nervöse Kribbeln wird stärker. Energisch bindet Herr Morgenfroh die schwarzen Schuhe. Wirft einen letzten, prüfenden Blick in den Spiegel. Er wirkt sportlich-elegant, aber nicht zu sportlich-elegant. Der Anzug ist dezent, aber nicht zu dezent. Seine Miene entschlossen, aber nicht zu entschlossen. Alles perfekt, findet Frau Morgenfroh.

ABER DAS BIN NICHT ICH!, denkt Herr Morgenfroh und nimmt entschlossen die Krawatte ab. Viel besser, denkt er. Und streift auch noch die Schuhe von den Füßen. „Was machst du denn da?" Seine Frau schaut verblüfft. „Ich mache mich, bleib mir treu." Herr Morgenfroh grinst. „Willst du etwa ohne Schuhe zur Arbeit gehen?" Zielsicher greift Herr Morgenfroh in den

Schuhschrank und nimmt die Neuen heraus. Die mit den knallroten Absätzen und den knallroten Schnürsenkeln. Evas Augen weiten sich. „Wou – du traust dich was!"

Mit einem Mal fühlt er sich voller Energie. Unternehmungslustig schlüpft er in das weiche Leder. *„DAS KANNST DU NICHT MACHEN!"* Herr Morgenfroh schaut in den Spiegel. Sieht einen Mann vor sich, der anzieht, was zu IHM passt – ohne Wertung und doch mit einem erfüllenden Gefühl. Klar kann ich! Mit Genuss bindet er die knallroten Schnürsenkel, nimmt den Autoschlüssel und gibt Eva einen herzhaften Abschiedskuss. Sie sieht ihm anerkennend hinterher. Der macht sich, denkt sie dabei. So ein verrückter Kerl. MEIN verrückter Kerl ... Herr Morgenfroh steigt in die Oberklasse. Fühlt sich von Kopf bis Fuß ganz er selbst – und genau SO biegt er auch in den morgendlichen Berufsverkehr ein.

Immer noch ganz er selbst kommt er in der Firma an – fest entschlossen, seiner inneren Einstellung treu zu bleiben. Feste Entschlüsse sind ja so unglaublich motivierend! Bis man sie über den Haufen wirft. Dann nicht mehr. Aber das hat unser Herr Morgenfroh selbstverständlich heute nicht vor. Niemand hat so etwas vor. Über den Haufen geworfene Entschlüsse passieren oft, ohne dass irgendjemand sich auch nur das allerkleinste bisschen vornimmt ...

Seine Sekretärin Frau Emsig begrüßt Herrn Morgenfroh freundlich wie immer. Jemand hat ein Stück Kuchen auf seinen Schreibtisch gestellt. *„Du bist eben beliebt."* Herr Morgenfroh fühlt sich prima. Kollege Maier von nebenan geht grußlos an der offenen

Tür vorüber. *"Hast du das eben bemerkt? Na SO beliebt bist du offenbar auch wieder nicht."*

An dieser Stelle könnte Herr Morgenfroh seelisch einbrechen. Ja, könnte. Heute aber nicht, denn er hat ja seinen festen Entschluss im Handgepäck, auch wenn diese Haltung die Beine auf die Probe stellen. Das gehört einfach mit dazu, wenn man Neuland betritt. Moment, mahnt sich Herr Morgenfroh deshalb. Bloß keine voreiligen Schlüsse ziehen. Wer weiß schließlich, wo Maier mit seinen Gedanken gerade war? Vielleicht wird er Vater? Oder ist krank? Und so bleibt Herr Morgenfroh gleichmütig. Gelassen stellt er seinen Aktenkoffer auf die Schreibtischplatte aus Echtholzfurnier. Wer hat denn da vergessen abzustauben? Gleichmut, Herr Morgenfroh! Gleichmut!! Er entnimmt dem Koffer wichtige Papiere. Legt sie auf einen Stapel mit anderen wichtigen Papieren. Der Chef schaut herein. Ist gut drauf.

"Guten Morgen allerseits! Ich habe gesehen, Sie haben die Kalkulation schon fertig. Prima, Prima. Ich habe sie vorhin gleich mitgenommen." "Ja, ich bin gestern Abend extra länger geblieben." "Ausgezeichnet, mein lieber Morgenfroh." *"Yeah! Beste Voraussetzungen für eine Gehaltsverhandlung!"*

Im Vorzimmer wechselt der Chef ein paar scherzhafte Worte mit Frau Emsig. Jetzt. JETZT kann Herr Morgenfroh ihn um ein Gespräch bitten! Das tut er allerdings nicht. So richtig fit fühlt er sich nämlich nicht. Ein unangenehmes Kratzen im Hals macht sich breit – Sie kennen das scheußliche Gefühl sicher. Vermutlich ist eine Erkältung im Anmarsch, wie so oft bei ihm in letzter Zeit. Solche Dinge können einen von den tollsten Heldentaten abhalten! Davon, die Welt zu retten oder die Schwiegermutter auszuladen. Zu allem Übel kommt nun auch noch Blender um die Ecke. Stellt sich direkt neben den Chef. Na bitte, damit ist die Sache gelaufen. Morgenfrohs Energie schwindet und schwindet ... *„Komm, verschiebe das Ganze lieber auf morgen!"* Ja, morgen ist besser. Herr Morgenfroh fühlt sich sofort unglaublich erleichtert. Seinem Hals widerfährt eine wundersame Heilung. Seinem Selbstbewusstsein leider nicht, denn es fühlt sich mit einem Mal abgenutzt und ausgeliefert an. Der Chef wendet sich ab. „Mist", flucht das Selbstbewusstsein. „Chance vertan!"

Herr Morgenfroh stutzt ... kennt er diesen Film nicht bereits? „Ja", schreit sein Selbstbewusstsein erbost. „Den kennen wir sogar in- und auswendig! Erst auf die lange Bank mit den guten Vorsätzen, dann auf Nimmerwiedersehen mit ihnen!" Herr Morgenfroh holt tief Luft. Wer hat denn nun die Macht über ihn? Die anderen? Die Umstände? – Oder endlich mal er selbst?

Herr Morgenfroh und sein Selbstbewusstsein erreichen den Chef gerade noch rechtzeitig gemeinsam, an der Tür. „Herr Oberhaupt ...?" Der Chef dreht sich um. Blender leider auch. „Haben Sie heute 10 Minuten Zeit für ein gemeinsames Gespräch?" „Ein Gespräch?" Herr Oberhaupt hebt verwundert die Augenbrauen und Blender spitzt die Ohren. „Geht es um ein Projekt?" „Ja, ein persönliches." Blenders Ohren werden länger und länger. Herr Oberhaupt nickt. „Ja, sicher. Nach der Fertigungsbesprechung um 18 Uhr?"

Herr Morgenfroh zögert. So spät? Er hat Paul versprochen ihn vom Tennistraining abzuholen und seinen Rückhand-Volley zu bewundern. *"Na hör mal! DU willst schließlich etwas von deinem Chef! Da musst du eben Priori-*

täten setzen!" Das stimmt, denkt Herr Morgenfroh. Und setzt Prioritäten. „Können wir es bitte früher machen?", sagt er ruhig und macht einen anderen Vorschlag: „Wie wäre es gleich nach der Mittagspause?" Herr Oberhaupt zückt seinen Terminkalender. „Ja, das geht auch. Kommen Sie nach der Mittagspause einfach in mein Büro." Er nickt Herrn Morgenfroh zu und gefolgt von Mr. Spock tritt er hinaus in den Flur. Herrn Morgenfrohs Brust schwillt ein paar Zentimeter an – immer noch zu Lasten der Füße, die sich langsam etwas beruhigen. Siehst du, denkt er, man muss nur fragen. Ein klein wenig stolz ist er auch.

Maier steckt aufgeregt den Kopf zur Tür herein. „Verflixt, gestern habe ich mein Handy irgendwo hier im Haus liegen lassen! Und der Akku ist auch leer. Dabei brauche ich ganz dringend eine Nummer aus dem Ding. Entschuldigung, guten Morgen natürlich. Also, falls es irgendwo auftaucht ... – der Kuchen ist übrigens von mir." Und schon ist Herr Maier wieder hektisch verschwunden.

Die Mittagspause ist vorüber – Herr Morgenfroh auf dem Weg zum Chefbüro. Dass er eine Gehaltserhöhung verdient hat, steht für ihn völlig außer Frage. Schließlich wurde seine Aufgabe vor wenigen Monaten potenziert – doppelte Mitarbeiterzahl, vierfache Verantwortung, achtfacher Dauerstress. So kommt es ihm zumindest vor. Außerdem hat er mit seinen Verbesserungsvorschlägen der Firma einiges an Geld gespart. Es wird also seiner Meinung nach Zeit, sein Gehalt der neuen Situation anzupassen. Immerhin gibt er im Job täglich Vollgas. Und trotzdem war er in den vergangenen elf Jahren nie einen einzigen Tag krank! Warum auch, er war ja auch nicht krank. Klar, Gründe dafür hätte es genug geben können – der ständige Druck, der Befehlston, der Konkurrenzkampf unter den Kollegen, die Angst, nicht gut genug zu sein und irgendwann ersetzt zu werden. Da wäre er jedenfalls nicht der Erste in der Chefetage.

Doch alles kommt anders. Vielleicht liegt es an den roten Absätzen. Oder an Herrn Morgenfrohs fehlender Krawatte. Vielleicht liegt es aber auch nur daran, dass Herr Morgenfroh im Grunde gar nicht noch mehr Geld verdienen will, sondern einen Sinn in seiner Arbeit sucht … den Trott hinterfragt … den Befehlston satt hat. Dass er endlich etwas bewegen möchte … auf der Suche ist … um sein Potenzial zu entfalten … sich zu machen.

Herr Morgenfroh klopft an die Tür des Chefbüros. Tritt ein. Herr Oberhaupt wirkt entspannt und gut gelaunt. Herr Morgenfroh nutzt die Gunst und legt los – indem er erst Mal ablegt – die geschmiedeten Strategien, die Bedenken und Vorurteile und erzählt. So, wie´s gerade dem Fluss seines Seins entspricht. Offen, direkt, gleichmütig. Teils verwundert über sich selbst, wenn er kurz innehält und prüft, ob es noch stimmig und passend ist, wie er sich hier gerade mitteilt.

Blender würde ihn wahrscheinlich nicht wiedererkennen. Selbst Fuzzy hält sich dezent zurück. Vom Konkurrenzkampf untereinander, der auf Dauer krank macht, geht's zum extrem hohen Krankenstand der Mitarbeiter bis hin zum als autoritär empfundenen Führungsstil von Herrn Oberhaupt. Durch diese Stimmung entsteht der Eindruck, dass vielen Mitarbeitern die Motivation fehlt und nur noch Dienst nach Vorschrift gemacht wird. Etwas, das sich seiner Meinung nach ein Unternehmen auf Dauer nicht leisten kann. Und ehe Herr Morgenfroh es sich versieht, ist aus seinem Gespräch über die Gehaltserhöhung eine „Beichte" geworden. Einfach so. Und weil es schon immer in der Luft lag, jetzt endlich raus ist, reicht schon das alleine Herrn Morgenfroh aus, um befreit durchzuatmen. Ja, mit leichtem Muskelkater in den Beinen, war es auch kein einfacher Weg. Und wer weiß, ob ihn dieser Aufstieg nicht lawinenartig zum Abstieg bringt. Wie auch immer – die Luft ist anders.

Herr Oberhaupt legt die Fingerspitzen klopfend gegeneinander. Wirkt angespannt. Seine Augen blicken ernst. „Wie lange sind Sie nun schon bei uns, Herr Morgenfroh?" „Elf Jahre." „Hm ... eine lange Zeit." Vor ihm liegt Herrn Morgenfrohs Personalakte. Er blättert sie flüchtig durch. „Prokura, Geschäftswagen, ein ordentliches Gehalt ... – bisher haben Sie sich nie beklagt, wenn ich mich recht entsinne." „Richtig. Bisher habe ich mich angepasst." Herr Oberhaupt hebt die Augenbrauen. „Und jetzt möchten Sie das nicht mehr, wenn ich Sie richtig verstehe?" Fuzzy schreit auf: *„Na bitte, das hast du nun davon."*

Ja, das hat er nun davon. Und doch fühlt sich Herr Morgenfroh so, als wenn er aus einem Traum erwacht. Fühlt die Last der vergangenen Monate von sich abfallen. Spürt, dass er auf dem Weg ist, die Dinge für sich zu ändern. Oberhaupt kneift die Augen zusammen. „Die Sache mit Herrn Prahl im Restaurant damals – das war wohl auch so ein Moment, in dem Sie sich nicht anpassen wollten ..." *„Na bitte, das hast du nun davon."*

Herr Morgenfroh erinnert sich noch gut an den scharfen Blick, den Herr Oberhaupt ihm damals zugeworfen hat. Verständlich, dass der Chef sich über sein barsches Verhalten gegenüber Hans Prahl ärgert. Immerhin ist dieser einer ihrer besten Kunden. *„Na bitte, das hast du nun davon."* Herr Oberhaupt lehnt sich in seinen Ledersessel zurück. Blickt Herrn Morgenfroh direkt an. „Gut, dass Hans Prahl Ihre Antwort voll und ganz verdient hat. Interessante Schuhe übrigens." Er schiebt Herrn Morgenfrohs Personalakte zur Seite und beugt sich nach vorn. „Und interessante Ansichten." Mit einem Mal entwickelt sich ein konstruktives Gespräch auf Augenhöhe. Nicht ohne Ecken und Kanten – denn Herr Oberhaupt ist nicht immer Herrn Morgenfrohs Meinung. Doch die Dinge einmal von der Gegenseite zu betrachten ist für beide ein ungewohnter Schritt. Ein spannender Schritt. Als Herr Morgenfroh das Zimmer des Chefs verlässt, fühlt er sich frei und kraftvoll. Ob sich die Dinge ändern werden? Vielleicht. Wer weiß das vorher schon immer so genau? Aber manches ist schon jetzt um vieles anders als zuvor … denn plötzlich strömt die Luft viel tiefer in Herrn Morgenfrohs Lungen, seine Schritte sind fester und zugleich schwungvoller, sein Gang aufrechter, sein Blick selbstbewusster. Blenders anzüglicher Bemerkung wegen seiner roten Absätze begegnet er völlig gleichmütig. Blender blinzelt verwirrt. Damit hat er nicht gerechnet.

Wo ist die Macht? Der wichtige Stapel mit den wichtigen Papieren liegt immer noch anklagend auf Herrn Morgenfrohs Schreibtisch. Er überfliegt die Papiere prüfend. Nur ein Drittel ist wirklich dringend. Der Rest kann durchaus ein paar Tage warten. Also ab damit in die Schublade! Und schon sieht seine Aufgabe für heute deutlich machbarer aus. Na bitte – wo ist die Macht?

Der Feierabendverkehr zieht sich zäh durch die ganze Stadt. Prima, denkt Herr Morgenfroh. Kann ich gemütlich zu Paul und anschließend die Dehnübungen für meinen Rücken machen. Wo ist die Macht? Evas Frage nach der Gehaltserhöhung macht Herrn Morgenfroh völlig perplex. Das gibt es doch nicht! Er hat tatsächlich völlig vergessen, seinen Chef danach zu fragen, und es war auch nicht wichtig … Eva kann es nicht fassen. Herr Morgenfroh auch nicht. Sie geht in die Küche und holt eine Flasche Wein. Zur Feier des Tages.

Und? WO IST DIE MACHT? Hm … dieses Mal ist die Macht eindeutig bei Eva, denn die muss lauthals loslachen und Herr Morgenfroh fällt gerne mit ein. DAGEGEN ist er tatsächlich absolut machtlos.

Womit dieses Kapitel über die Familie Morgenfroh endet.

"Moment! DAS ist ja mal wieder typisch! Woher soll ich als Leser denn nun künftig wissen, was genau ich tun soll?" Keine Sorge – Sie schaffen das! *"Wenigstens eine helfende Liste oder etwas in der Art … das muss es doch in diesem Buch irgendwo geben! Ganz hinten vielleicht?"* Nein. *"Vorne? (Bestimmt habe ich es übersehen …)"*

Auch nicht. *"Aber ohne so eine Hilfe bin ich völlig …!"* Na na, es kommen ja noch ein paar Kapitel. *"Ehrlich?"* Aber natürlich. *"Gott sei Dank!"*

Sitzen Sie? *"Äh … ja. Warum?"* Dann stehen Sie jetzt bitte auf. *"???"* So. Als Nächstes gehen Sie ein paar Schritte. Erklimmen Sie, was Sie sich in den letzten Jahren aufgebaut haben …

Jetzt öffnen Sie bitte ein Fenster … *"Moment mal, was genau soll das eigentlich bring …"*

… und holen kräftig Schwung und werfen Ihren

gesamten Gedankenmüll auf die andere Straßenseite. Oder in den Garten. Oder in den Pool – falls Sie einen haben. Dann üben Sie sich darin, Ihre eigenen Kapitel zu schreiben. Pflanzen Sie keinen Apfelbaum, weil man es so macht, sondern pflanzen Sie, was Sie wollen. Übernehmen Sie Verantwortung. Schreiben Sie Geschichte. Gestalten Sie Ihr Leben. Jetzt!

Spüren Sie, wie die Luft tiefer in Ihre Lungen strömt? Wie Ihre Schritte, anfangs vielleicht wacklig, immer sicherer, auch schwungvoller werden? Ihr Gang aufrechter?

Bleiben Sie sich treu und …
wenn Sie wollen, grüßen Sie Ihre Macht von mir …

herzlichst

Dirk Rauh

KAPITEL 16

Abspann – Backstage

Ein paar kleine Szenen, die ich Ihnen nicht vorenthalten möchte …

Ein gut gelaunter Moderator betritt selbstbewusst den Raum. Er fühlt sich wohl in seiner Haut … in seinem Job … in seinem Leben.

Moderator: „Herzlich willkommen zu unserer kleinen Vorstellungsrunde! Alle Hauptpersonen dieses Buches sind heute hier bei uns zu Gast. Ist das nicht großartig?" (Tobende Begeisterung im Saal! Man erwartet viel – schließlich war der Eintritt nicht billig.) „Nun, wer will beginnen? Frau Morgenfroh vielleicht …?"

Frau Morgenfroh (etwas unsicher): „Na ja, wenn es sein muss. Oje … wo fange ich denn da am besten an? Also gut. Ich heiße Eva Morgenfroh, bin 37 Jahre alt …"

Oma Herta: „38, Liebes."

Frau Morgenfroh (peinlich entsetzt): „HERTA!! Entschuldigen Sie bitte – das ist meine Schwiegermutter." (Wirft der alten Dame einen scharfen Blick zu.) „Also es stimmt – ich hatte gestern Geburtstag und einfach gerade nicht daran gedacht. Weiter. Ich bin jetzt also ACHTUNDDREISSIG (!), verheiratet, habe zwei Kinder, einen Berner Sennenhund, ein Haus und einen Halbtagsjob. Ich lache gerne und komme mit allen wunderbar klar. Zu Hause bin ich der Familienmittelpunkt. Rund um die Uhr organisiere ich alles, was nötig ist –

meistens allein. Schule, Einkäufe, Unternehmungen, Handwerker, Nikolaus und Weihnachtsmann … alles eben." (Diesmal gilt ihr scharfer Blick dem Ehemann.)

Herr Morgenfroh: „Moment mal! Du bist doch diejenige, die immer alles an sich rei…"

Moderator: „Stopp! Wer sind SIE bitte?"

Herr Morgenfroh (mürrisch): „Adam Morgenfroh. Ich bin der Ehemann."

Moderator: „Ja dann …. Selbstverständlich können Sie ebenfalls ein paar Worte zu diesem Thema äußern. Aber stellen Sie sich zuerst bitte kurz vor."

Herr Morgenfroh: „Ja klar." (Räuspert sich.) „Wie gesagt, mein Name ist Adam Morgenfroh. Ich bin mit Eva verheiratet, 42 Jahre alt und wir haben zwei wunderbare Kinder. Seit zwölf Jahren arbeite ich als technischer Projektleiter in einer großen Firma. Chefetage – Sie verstehen sicher. Dementsprechend bin ich ziemlich eingespannt und kann mich nicht andauernd …" (schaut Eva ärgerlich an) „um alle möglichen Lappalien kümmern." (Frau Morgenfroh schnappt empört nach Luft.)

„Normalerweise bin ich eher der entspannte Typ" (Eva schnaubt) – „lasse auch mal fünf gerade sein. Und ich verbringe möglichst viel Zeit mit meiner Familie." (Eva schnaubt lauter.) „Eva, lass endlich diese Schnauberei! Also – Eva und ich sind ein tolles Team. Sie ist herzlich, hat Humor und Esprit … aber sie weiß einfach nicht, wann man eine Sache auch mal gut sein lassen sollte. Ständig will sie es allen recht machen, verbiegt sich – für die Familie, ihren Chef, die Kollegen, die Nachbarn … dabei frisst sie alles in sich hinein und – explodiert dann irgendwann."

Frau Morgenfroh (explodiert): „ICH EXPLODIERE NICHT!!" (Atmet tief durch. Ruhiger.) „Ich sage lediglich meine Meinung."

Oma Herta: „Kindchen, da muss ich Adam jetzt aber wirklich mal Recht geben – du mutest dir einfach viel zu viel zu! Kein Wunder, dass bei Euch alles ein bisschen hektisch ist." (Evas Augen weiten sich entrüstet.) „Ach, am besten ich stell mich jetzt einfach mal schnell vor ... wo ich mich sowieso schon zweimal eingemischt habe ..."

Frau Morgenfroh (missmutig): „Ach, erst zweimal in drei Minuten? Ist ja direkt wenig."

Oma Herta (ignoriert den Einwurf. Eine Spezialität von ihr – genau wie ihr Sauerbraten): „Herta Morgenfroh ist mein Name. Ich bin also die Oma. Und ich unterstütze Adam und Eva, wo ich kann. Das mache ich gerne, denn ich bin von Natur aus ein hilfsbereiter Mensch. Wenn man mich braucht, bin ich da."

Frau Morgenfroh (säuerlich, denkt): „Stimmt. Allerdings auch, wenn man dich nicht braucht."

Leonie (7 Jahre): „Ja, die Oma hilft uns immer, weil sie uns so lieb hat. Und damit sie nicht so alleine ist. Weil doch der Opa tot ist."

Paul (9 Jahre): „Ja genau. Und weil sie nicht weiß, was sie in ihrer Langeweile anfangen soll."

Herr Morgenfroh (entrüstet): „Paul!"

Paul (9 Jahre): „Warum? Das sagt du doch auch immer!"

Moderator (hastig): „So, damit hätten wir nun ja die gesamte Familie Morgenfroh kennengelernt. Wie schön. Dann können wir jetzt also mit den Arbeitskollegen fortfahren. Zuerst Frau Dr. Kleingeist-Lücke bitte."

Frau Dr. Kleingeist-Lücke: „Ach, bin ich wirklich schon dran? Ja also dann ... mein Name ist Dr. Vera Kleingeist-Lücke. Ich bin 37 Jahre, Chefin der Marketingabteilung – erfolgreich, möchte ich sagen – und das nicht ohne Grund! Für einen Job in der Chefetage benötigt man eben Intelligenz, Kompetenz und einen starken Willen." (Gemurmel im Saal.) „Stil habe ich selbstverständlich auch! Stil ist mir sehr wichtig. Nicht jeder kann das von sich behaupten." (Wirft den Kollegen einen bestimmenden Blick zu.)

„Ich bin wieder Single ..."

Stimme aus dem Publikum: „Wen wundert's."

Frau Dr. Kleingeist-Lücke (lauter): „... WEIL ICH SEHR ANSPRUCHSVOLL BIN und grundsätzlich nicht das Erstbeste nehme, was auf der Straße herumläuft." (Unwilliges Murren im Publikum.) Außerdem bin ich ein toleranter Mensch ... und ich kann durchaus von mir behaupten" (lacht leicht verschämt) „dass ich äußerst charmant sein kann ..."

Herr Morgenfroh (leise): „Sofern man eine Zitrone charmant nennen kann ..."

Kollege Maier (grinst): „Aber Sie verdient mehr als du!"

Herr Morgenfroh: „Das sagt ausgerechnet jemand, der drei Gehaltsstufen unter mir steht."

Kollege Maier (grinst nicht mehr): „Drei? Ich dachte, es wären nur zwei?"

Herr Morgenfroh (grinst, anstelle von Kollege Maier): „Tja ..."

Frau Dr. Kleingeist-Lücke (schnippisch): „Also bin ich nun dran oder bin ich nicht dran?"

Moderator: „Selbstverständlich sind Sie dran, Frau

Dr. Kleingeist-Lücke. Fahren Sie bitte fort." (Wirft den Störenfrieden einen ungehaltenen Blick zu.)

Frau Dr. Kleingeist-Lücke (räuspert sich): „Natürlich bin ich auch zielstrebig und durchsetzungsfähig. Sonst hätte ich diesen Job in der Chefetage schließlich nicht. Ohne meine Konfliktfähigkeit auch nicht. Tja, für die Leitung der Marketingabteilung benötigt man eben jemanden, der aufgeschlossen und weltoffen ist."

Kollege Maier (noch immer säuerlich): „Warum stellt man dann so jemanden nicht ein?"

Herr Kowalski (flüsternd zu Herrn Morgenfroh): „Weltoffen? Welche Welt meint die denn damit? Ihre eigene? Also, meine meint sie jedenfalls nicht. Dass ich Pole bin, hat sie, glaube ich, bis heute nicht verkraftet. Wenn ich in die Nähe ihres Autos komme, schaut sie immer ganz nervös."

Moderator: „Vielen Dank, Frau Dr. Kleingeist-Lücke, für Ihre spannenden Ausführungen. Wenn ich nun bitte Herrn Blender nach vorne bitten darf?"

Kai Blender: „Klar doch. Bin schon da." (Geht lässig nach vorn.) „Hallo zusammen. Ich bin Kai Blender. Der Vertriebsleiter. Über mich gibt es nicht viel zu sagen." (Lacht.) „Außer: Wenn ich die Dinge anpacke, dann laufen sie!"

Herr Morgenfroh (trocken): „Stimmt! Aber Flucht ist auch nicht immer der richtige Weg."

Moderator: „HERR MORGENFROH!"

Kai Blender (ungehalten): „Kann ich jetzt endlich? Also, wie gesagt, ich bin ein Macher. Aber durchaus auch der Kumpeltyp, mit dem man abends gerne noch ein Bierchen trinkt."

Kollege Maier (flüsternd zu Herrn Morgenfroh):

„Klar, wenn man Gift im Bier mag." (Lächelt Blender unschuldig zu.)

Kai Blender: „In der Firma schätzt man mich für meine guten Riecher und für meinen Erfolg. Und ich denke, ich bin nicht unbescheiden" (reckt selbstbewusst das Kinn) „wenn ich behaupte, dass ich einen wirklich guten Draht nach oben habe."

Oma Herta (beeindruckt): „Zum lieben Gott?"

Kai Blender (aus dem Konzept gebracht): „Wie? ... Unsinn! Zu unserem Chef, Herrn Oberhaupt, natürlich! Ich bin sicher, er weiß, was er an mir hat, und schätzt meine Vorzüge." (Schaut Beifall heischend zu Herrn Oberhaupt hinüber.)

Herr Oberhaupt (mit Pokergesicht; denkt): Ja, Bursche. Aber ich kenne auch deine Nachteile ... Und du biederst dich gerne bei mir an. Außerdem bist du rücksichtslos und arrogant. Also, wenn deine Erfolgsquote nicht wäre ...

Moderator: „Schön, schön, Herr Blender. Und was meinen die anderen Kollegen dazu? Herr Kowalski vielleicht?"

Herr Kowalski (zögert): „Also ehrlich gesagt ... er ist ein Arschloch."

Moderator (hastig): „Nun ... ähm, danke für Ihre Einschätzung, Herr Kowalski. Dann möchte ich jetzt den Firmenchef, Herrn Oberhaupt, um seine Vorstellung bitten. Herr Oberhaupt ...?"

Herr Oberhaupt:

„Selbstverständlich. Gerne. Mein Name ist Siegfried Oberhaupt. Ich bin 61 Jahre jung und Inhaber eines erfolgreichen Unternehmens mit knapp 400 Mitarbeitern. Als Chef bin ich streng, aber gerecht. Die Leute schätzen das an mir. Außerdem bin ich jederzeit offen für Vorschläge."

Kowalski (verwundert): „Na so was! Wenn ich DAS gewusst hätte, dann hätte ich doch schon längst mal was vorgeschlagen."

Kollege Maier (vertraulich): „Lieber nicht. Da können Sie ganz übel reinfallen, das sage ich Ihnen. Der Befehlston des Alten, seine ewige Willkür und das Hau-Drauf-Programm vor versammelter Mannschaft – das alles sind nämlich keine Ausrutscher – das ist der Original-Oberhaupt-Führungsstil!"

Frau Dr. Kleingeist-Lücke (lehnt sich ungewohnt volksnah herüber): „Da hat Kollege Maier ausnahmsweise leider recht."

Sekretärin Frau Emsig (hat das Gespräch mitgehört): „Dabei ist Herr Oberhaupt wirklich kein schlechter Mensch. Kinder mag er zum Beispiel sehr gerne. Mit seinen Enkeln unternimmt er viel."

Frau Dr. Vera Kleingeist-Lücke (mit hochgezogenen Brauen): „Kann ja sein, dass er Kinder mag. Mitarbeiter mag er jedenfalls nicht."

Moderator (leicht ungehalten): „Können wir die Privatgespräche dort hinten bitte auf später verschieben? Danke. So, wen haben wir denn noch …? Niemanden …? Wunderbar! Dann ist jetzt also der Moment gekommen, auf den wir alle gewartet haben – wir können endlich …"

Eine Stimme, die nur der Moderator hört: *„Du warst ganz schön unhöflich gerade, zu der armen Kleingeist-Lücke. Pass auf, sonst macht das nächste Mal vielleicht ein anderer deinen Job."* (Der Moderator zuckt zusammen.) *„Außerdem hast du DOCH jemanden vergessen."*

Moderator (wird nervös): „Unsinn. Auf meiner Liste sind alle abgehakt." (Wird unsicher. Schaut sicherheitshalber nochmal nach.)

„Na bitte! Ich sag es ja – jeder war dran."

Stimme: „Du hast Bruno den Hund vergessen. Außerdem den Freundeskreis, die Nachbarn, die Frau an der Supermarktkasse, den Elektriker …"

Moderator (leicht ungehalten): „Ach DAS! Das sind doch alles nur Nebenrollen. Und ich hatte schon befürchtet, ich hätte tatsächlich jeman…"

Fuzzy: *„… und mich."*

Moderator (ungläubig): „Wie bitte? SIE? Spielen Sie denn in diesem Buch irgendeine Rolle?"

Fuzzy: *„Ich spiele immer eine Rolle."*

Moderator: „Wer sind Sie überhaupt?"

Die Stimme: *„Gestatten, Fuzzy!"*

Moderator (unsicher): „Sie stehen nicht auf meiner Liste, Herr … äh Fuzzy."

Fuzzy: *„Fuzzy reicht völlig. Und ich stehe nie auf irgendeiner Liste. Ich komme immer, wenn mir danach ist."*

Moderator: „Aha." (Schaut ratlos.) „Und was machen Sie hier?"

Fuzzy: *„Ich mache Sie nervös."*

Moderator: „Nein, ich meine, was ist Ihr Anliegen?"

Fuzzy: *„Sie nervös machen. Vielleicht mache ich Sie aber auch unsicher … wütend … oder glücklich – wer weiß. Ich könnte Sie auch irritieren. Hach, es gibt so viele Möglichkeiten! Vielleicht verschaffe ich Ihnen aber doch lieber ein schlechtes Gewissen, oder ein gutes. Kommt ganz drauf an, wie Sie kooperieren. Werden Sie eigentlich immer noch so schlecht bezahlt wie bei Ihrem letzten Interview?"*

Moderator (empört): „ICH MUSS SCHON SEHR

BITTEN!"

Fuzzy: *„Die Krawatte steht Ihnen übrigens."*

Moderator (geschmeichelt): „Äh. Danke."

Fuzzy: *„Der Anzug allerdings nicht. Ich finde, das Muster macht Sie blass und füllig."*

Moderator (verärgert): „Schluss jetzt! Ich muss meine Arbeit machen!"

Fuzzy: *„Richtig! Wir sollten wirklich allmählich loslegen. Spielen Sie in dem Buch eigentlich auch eine Rolle? NEIN? Nicht einmal eine kleine? Vermutlich hat man Sie absichtlich übergangen. Das würde ich mir an Ihrer Stelle nicht gefallen lassen!"*

Regisseur: „Schnitt! Äh … wunderbar. Herzlichen Dank für Ihr Kommen. So, die Morgenfrohs jetzt bitte zügig hinüber zur Wecker-Situation. Und vergessen Sie den Hund nicht! Die anderen bitte solange aufs Abstellgleis, bis einer meiner Assistenten Sie aus der Reserve lockt."

Und so standen sie also gemeinsam mit Fuzzy auf dem Abstellgleis. Langweilten sich, ärgerten sich und blieben im Trott des Reagierens – bis zu dem Tag, an dem alles anders wurde …

Machen Sie's gut. Machen Sie sich!

Ihr Dirk Rauh

KAPITEL 17

On Stage

Ihrem Fuzzy selbst-BEWUSST begegnen! Wenn Sie mehr darüber erfahren möchten, wie Sie Ihr Leben bewusster gestalten und die eigene Macht immer mehr nutzen können, finden Sie hier weitere Optionen:

Bücher:
Geht´s noch?
Worauf warten? (Arbeitsbuch)
Kurswechsel

CD:
EinsichT

Veranstaltungen:
EinsichT-Seminare
EinsichT-Meditationen

Homepage:
www.dirkrauh.de
www.bringdenmüllraus.de
www.einsicht.info

Oft mangelt es nicht am Wissen, es mangelt an der Umsetzung.